Annette Kanis

# Grüne Glücksorte in Düsseldorf

## Geh raus und blüh auf

Droste Verlag

Dieses Buch gehört

.........................................

.........................................

.........................................

# Liebe Glücksuchende,

Orte, an denen die Sinne Urlaubsmomente erleben. Orte, die Natur in der Großstadt betonen. Orte, die Lust auf Aufenthalte im Freien machen: grüne Glücksorte. Noch einmal habe ich mich – nach dem Vorgängerband „Glücksorte in Düsseldorf" – auf die Suche gemacht nach 80 besonderen Orten. Grün sind sie dieses Mal.

Ob ein versteckter Park inmitten der City oder ein Ort am Stadtrand, wo Düsseldorf in naturverbundenes Umland übergeht, ob für kurze Zeit in der Mittagspause oder beim Wochenendausflug, ob ein Ausflugslokal oder ein Wanderweg – die in diesem Buch mit persönlichem Blick vorgestellten grünen Glücksorte laden ein, Düsseldorf von einer anderen Seite kennenzulernen.

Beim Aufspüren der Orte habe ich immer wieder das Eintauchen in die Kraftquelle Natur genossen. Die Ruhe, die ein hundert Jahre alter Baum ausstrahlt. Die klare Waldluft. Die Farbenpracht ausgewählter Parkbepflanzung. Und die Gelassenheit, die sich einstellt während eines Spaziergangs durch Park, Wald oder Felder.

Glück im Grünen. Das ist das Gefühl, freier atmen zu können. Das ist der Moment, wenn der Blick Weite findet. Das ist das Bewusstsein, sich zu erden. Erleben Sie solche Glücksmomente in und um Düsseldorf.

Ihre Annette Kanis

# Deine Glücksorte ...

# ... noch mehr Glück für dich

# Nicht nur für Patienten

 *Der Klinikpark der Kaiserswerther Diakonie*

Nach einem Besuch in der Kaiserswerther Diakonie ist es wunderbar, noch etwas Zeit im Klinikpark zu verbringen. Im Idealfall gemeinsam mit dem Patienten beruhigt der Gang durch den Park die vom Klinikalltag gestressten Nerven. Sorgen, Ängste, trübe Gedanken und vielleicht sogar Schmerzen rücken in den Hintergrund. All dies wird überlagert von der Kraft jahrhundertealter Bäume, die sich hochstrecken und dem Park in heißen Sommermonaten angenehmen Schatten spenden.

Der Park umrahmt nicht nur die Krankenhauseinrichtungen, hier sind auch die Fliedner Fachhochschule, verschiedene ambulante Dienste sowie ein Pflegemuseum untergebracht. Alle Gebäude sind privilegiert von viel Grün umgeben. Und mitten im Park ragt die Mutterhauskirche aus dem Jahr 1903 empor und zeugt von der Verbindung zur evangelischen Kirchengeschichte.

Vor mehr als 180 Jahren wurde die Kaiserswerther Diakonie ins Leben gerufen. Nicht nur einmal war hoher Besuch vor Ort, aber an den Aufenthalt von Kaiser Friedrich III. 1884 erinnert ein Denkmal. Es zeigt den Kronprinzen nicht, wie sonst üblich, in Kriegerhaltung hoch zu Ross, sondern in ziviler Pose mit einem Kind auf dem Arm.

Moderner geht es bei der bunten Skulptur von Jacques Tilly zu, die unweit des historischen Denkmals zu finden ist. Tilly, der sonst Karnevalswagen gestaltet, die es bis in die Nachrichten im Ausland schaffen, hat „Die drei Kreativen" entworfen. Die Figuren in satten Farben sollen für die verbindende Kraft der Kunst stehen.

Wer Stille sucht, findet sie auf einer Parkbank, im Kirchenschiff oder im Diakonie-Mutterhaus. Das Tagungshotel hat einen schlicht gehaltenen Raum der Stille eingerichtet, wo sogar das Vogelzwitschern als Ablenkung wegfällt und Meditationskissen zum Verweilen einladen. Auch dieses neu renovierte Haus atmet Geschichte – so eröffnete das Pfarrerehepaar Theodor und Friederike Fliedner im Jahr 1836 hier die erste Diakonissenanstalt der Welt und war damit Vorreiter für die Ausbildung von Frauen in Pflegeberufen.

Kaiserswerther Diakonie, Alte Landstraße 179, 40489 Düsseldorf
www.kaiserswerther-diakonie.de
ÖPNV: U-Bahn U79, Bus 728, 749, 751, 760, Haltestelle Klemensplatz

# Erntefreuden am Rheindamm

**2** *Kiloweise Gemüse belohnen die Ackerhelden*

Glück auf dem Acker, das ist der Moment, in dem der eigene Salat geerntet wird und die selbst gepflückten Tomaten im Munde zergehen. Es umfasst das Gefühl von Pflanzenkraft und die Verbundenheit mit der Natur. Wenn dann alles noch bio ist, kann dem Glück der rund hundert „Ackerhelden", die sich auf einem Feld an der Grenze von Düsseldorf zu Meerbusch ausleben, wenig im Wege stehen. Höchstens das ungestüme Wachsen der Beikräuter, wie hier Unkraut wertschätzender genannt wird.

Hinter den ökologisch bepflanzten Parzellen steckt das bundesweit aktive Unternehmen „Ackerhelden". Es vermietet Pflanzmöglichkeiten für jene, die keine Möglichkeit im häuslichen Garten haben und die mit mehr als einer Tomatenpflanze und Basilikum auf dem Balkon ihre Ernährung selbstversorgt gestalten möchten. So wird vorbepflanzt mit Zucchini, Kürbis, Spinat, Kohl, Bohnen, Mangold und vielem mehr. Charlotte Stosiek und Daniela Swenne sind bereits seit einigen Jahren dabei. Die beiden treibt es mindestens einmal die Woche zwischen Mai und dem Ernteende im Herbst auf ihren kleinen Acker.

Jetzt wissen sie, wie lange es braucht, bis aus der kleinen Blüte ein großer Kürbis geworden ist, und sie möchten das Buddeln in der Erde nicht mehr missen. „Wenn ich mit dem Rad über den Deich fahre, habe ich schon ein Lächeln im Gesicht", umschreibt Charlotte die positive Wirkung des Ortes. Für die dreifache Mutter Daniela steht trotz Ackerarbeit die Entspannung im Vordergrund: „Ich komme hierhin und kann sofort abschalten, danach bin ich wirklich tiefenentspannt."

Neben dem Glück auf dem Acker gibt es durchaus auch solches für diejenigen, die aus der Ferne zuschauen, die den Radweg entlang des Feldes nutzen und mit dem Blick ein fast schon archaisches Bild aufnehmen von Menschen, versunken in die Feldarbeit. Ohne Maschinen. Die bunten Tupfer auf dem Feld, oftmals in gebückter Haltung, zeugen von der Arbeit, die in der Nahrung steckt – und vielleicht auch von einer neuen Wertschätzung gegenüber Lebensmitteln.

○ Feld der Ackerhelden am Rheindamm zwischen Theodor-Heuss-Brücke und Flughafenbrücke,
Apelter Weg, 40667 Meerbusch
www.ackerhelden.de

# Stadtnah & verwunschen

## ③ *Unterwegs im Schlosspark Eller*

Das leise Rauschen der Autobahn ist schnell vergessen, wenn man sich auf das Zwitschern der Vögel konzentriert. Der Schlosspark Eller liegt umgeben von stark befahrenen Straßen und trotzt der Stadtnähe. Gerade noch die Großstadt von ihrer anstrengenden Seite erlebt, fällt das Eintauchen in geruhsames Parkleben leicht, hat man einmal das schmiedeeiserne Tor am Haupteingang durchschritten. Wenn auch weniger groß und opulent als der bekanntere, etwas weiter südlich gelegene Schlosspark in Benrath, ist die Variante in Eller ein schöner Rückzugsort – mit Wegen am Bachlauf entlang, viel Wald und großer Liegewiese.

Von allen Seiten blitzt immer wieder das Schloss zwischen den Ästen hervor und erinnert an frühere Zeiten. Im 13. Jahrhundert stand an seiner Stelle eine mittelalterliche Wasserburg, aus der sich bis zum Anfang des 19. Jahrhunderts ein schlossartiges Anwesen mit Landschaftspark entwickelte. Der mittelalterliche Burgfried ist heute noch Bestandteil des Herrenhauses, das seit 1826 nun zum Park gehört. 1843 wechselte das Gebäude den Besitz, mit Prinzessin Luise von Preußen zog der Hochadel nach Eller. Sie lebte ab dem Jahr 1855 bis 1882 dauerhaft hier. Prinzessin Luise malte unter anderem auch Schloss Eller – die Gemälde sind im Stadtmuseum zu besichtigen.

Der Inselpark rund um das Gebäude wurde Ende des 19. Jahrhunderts nach Süden hin erweitert. Noch heute profitieren die Düsseldorferinnen und Düsseldorfer von der damaligen Aufforstung, die später noch ergänzt wurde durch die großzügige Anlage von Rasenflächen und Wegen, sodass sich Inselpark und Waldpark schön ergänzen.

Am Düsseldorfer Herbstfestival öffnet Schloss Eller, das generell nicht öffentlich zugänglich ist, seine Türen, und auch der Inselpark verwandelt sich in eine besondere Ausstellungsfläche. Mode und Schmuck, Kulinarisches und Dekoratives, Lifestyle und Pflanzen ziehen Besucher an. Wenn im Schlosshof dann Musik erklingt und der Sekt im Glas perlt, fühlt man sich ein klein wenig prinzessinnenhaft.

• • • • • • • • • • • • • • • • • • • • • • • • • • • • • • • • • • • • • • • • •

🔵 **Schlosspark Eller, Heidelberger Straße/Deutzer Straße/Am Dammsteg, 40229 Düsseldorf**
🔵 **ÖPNV: Straßenbahn 705, U-Bahn U75, Bus 722, 730, 731, 732, 892, Haltestelle Vennhauser Allee**

# Zurück zur Natur

## 4 Entlang des Industriepfads Gerresheim

In größerer Variante kennt man es aus dem Ruhrgebiet: die Umwandlung einstiger Industrieanlagen und -gebiete in andere Formen. Manchmal steht die Kultur im Vordergrund wie bei der Essener Zeche Zollverein, manchmal bekommt die Natur neuen Raum wie im Landschaftspark Duisburg. Mit diesen Mammutprojekten kann und will sich der Industriepfad Gerresheim nicht messen, aber er ist ein schönes Beispiel für die Zurückeroberung der Natur.

Wo früher Ziegeleiarbeiter für damalige Verhältnisse in großem Stil Lehm abbauten, schlängelt sich heute der Pillebach durch verwunschenes Naturgelände bis hinunter in die kleine City von Gerresheim. Auf vier Kilometern Länge wird Geschichte erlebbar. Und begehbar. Heute fast nicht vorstellbar, dass im jetzigen Naturschutzreservat Am Dernkamp vor mehr als hundert Jahren der Schwerpunkt der Düsseldorfer Ziegelindustrie lag. Lehmgruben, so weit der Blick reichte, qualmende Schornsteine, laute Bagger – die Industrie hatte über Jahrzehnte die Natur im Würgegriff. Mittlerweile führt hier ein kleiner Weg durch natürlich gewachsenen Baum- und Buschbestand, ein artenreiches Biotop konnte sich entwickeln. Natur aus zweiter Hand sozusagen, wenige Schritte vom Gerresheimer Ortskern entfernt. Seit Anfang der 80er-Jahre ist die Fläche in dem östlichen Stadtteil als Naturschutzgebiet anerkannt.

**TIPP** *Der Förderkreis Industriepfad Düsseldorf-Gerresheim bietet Führungen an.*

Der Industriepfad startet am letzten Ziegelei-Ringofen Düsseldorfs, parallel zur Bergischen Landstraße in Ludenberg. In dem restaurierten Industriedenkmal ist eine Dauerausstellung zur Ziegeleiindustrie untergebracht. Mit interessanten Informationen geht es weiter auf dem Pfad: Stelen an 25 Stationen informieren über die Entwicklung der Industrie, die Arbeiterbewegung, die Wohnkultur sowie die Renaturierung. Die vier Kilometer lange Strecke führt auch hinaus aus dem Naturschutzgebiet und hinein nach Gerresheim. Vorbei an der Basilika Margareta geht es bis hin zur ehemaligen Glashütte und dem Gerresheimer Bahnhof, dem ältesten Bahnhof der Stadt, als Endpunkt der Route.

---

**○ Industriepfad Gerresheim, Startpunkt liegt an der Straße Am Ringofen, 40629 Düsseldorf**
**www.industriepfad-gerresheim.de**
**○ ÖPNV: Straßenbahn 709, U-Bahn U83, Bus 733, 738, Haltestelle Gerresheim, Krankenhaus**

# Grünes Kleinod

## 5 *Lustwandeln im Lantz'schen Park*

Die Kurzversion: Aus der Villa mit Park wurde ein Park mit Villa. Mehr als hundert Jahre alt, ist der Lantz'sche Park erst seit 1978 öffentlich zugänglich. Heute noch bekommt man eine Vorstellung von einem privaten Domizil einer vermögenden Bürgerfamilie, denn das Parkgelände war vormals der Garten eines Herrenhauses. Der etwas ungewöhnliche Name stammt von dessen einstigem Eigentümer, dem Düsseldorfer Kolonialhändler Heinrich Balthasar Lantz.

Bevor dieser die Ländereien 1804 erwarb, hatte das Gelände bereits eine knapp 600-jährige Geschichte als Rittersitz hinter sich. Die Langversion der Parkgeschichte kann man auf einer Führung des Fördervereins Lantz'sche Kapelle Lohausen erfahren. Doch auch ohne Führung ist das eher unbekannte grüne Gelände in Lohausen einen Besuch wert.

Wie wäre es, auch mal abseits der Wege über den weichen Wiesenboden zu laufen? Tief durchzuatmen. Und die Augen auf Blüten und Bäume zu richten. Natur wirkt ausgleichend. Das wissen die Waldbadenden, das erfahren wir im Urlaub am Meer oder in den Bergen. In der Stadt muss man die Naturorte gezielt ansteuern, um den Ausgleich zu Asphalt und dichter Bebauung zu finden. Der Lantz'sche Park gehört zu den gepflegten Kleinoden im Norden Düsseldorfs, wo man die Verbindung zur Natur erleben kann. Trotz Kinderspielplatz ist er selten überlaufen. Zeitweise lenkt ein startendes oder landendes Flugzeug ein wenig ab, und das leise Hintergrundrauschen der A44 lässt sich nicht ganz ausblenden, aber gerade der Fokus auf den Moment, die Achtsamkeit im Augenblick soll uns ja helfen, stressfreier zu leben. Und da lassen wir die Anklänge an technischen Fortschritt einfach außen vor und konzentrieren uns lieber auf satte Grüntöne und Vogelzwitschern. Zudem gilt es, Kunst zu entdecken. Verteilt auf dem Gelände sind Skulpturen verschiedenster Art zu finden.

**TIPP** Im September feiert Lohausen sein Dorffest im Park. An Fronleichnam findet eine Prozession statt.

Lantz'scher Park, Lohauser Dorfstraße, 40474 Düsseldorf
ÖPNV: Bus 760, Haltestelle Lohauser Dorfstraße

# Mit den Füßen spüren

## 6 Unterwegs auf dem Neusser Barfußpfad

Das Meer in Sichtnähe, den Strand vor sich, ist der Reflex, die Schuhe auszuziehen, schnell da. Dieses Gefühl, ohne beengendes Schuhwerk über den weichen Sand zu gehen. Urlaubserinnerung. Ebenso schön ist es, barfuß über eine kühle Wiese mit Morgentau zu laufen und das Kitzeln der Grashalme zu spüren. Barfuß laufen – das machen wir viel zu selten, obwohl es gesund ist und an die Kindheit erinnert.

Der Neusser Barfußpfad lädt ein, den Füßen mal wieder verschiedenste Fühlexplosionen zu bescheren. 18 Untergründe aus verschiedenen Materialien warten darauf, erspürt zu werden. Mit den Füßen, die uns alltäglich durchs Leben tragen und dabei doch zumeist eine Nebenrolle spielen. Auf dem Barfußpfad bekommen sie endlich mal wieder Aufmerksamkeit. Hier werden sie durchmassiert, hier werden sie besser durchblutet, hier prickeln sie noch eine Zeit lang nach. Dafür sorgen die Reize an den Fußsohlen beim Laufen über Steine, Rindenmulch, Kies und was es sonst noch so gibt an natürlicher Bodenbeschaffenheit. Kleine Erholungspausen vom Gefühlsgewitter bringen die Wiesenstrecken zwischen den einzelnen Feldern.

**TIPP** *Ein Besuch ist zwischen Mai und Oktober empfehlenswert.*

Beim Gang über die Barfußfelder kann es schon mal piksen, wie auf der Muschelstrecke, oder Überwindung kosten, wie bei den eckigen, kleinen Steinen. Und manchmal möchte man gar nicht weitergehen, weil zarter Sand die Füße kühl umschmeichelt oder glatte Kieselsteine ihre getankte Sonnenwärme an die Fußsohlen abgeben. Die unterschiedlichen Sinnesreize gelangen direkt ins Gehirn und bringen es dabei buchstäblich auf andere Gedanken. Nach einem Rundgang fühlen sich nicht nur die Füße neu belebt an.

Der Neusser Barfußpfad liegt im sogenannten Hochzeitshain. Sein Name kommt von der schönen Tradition, dass Hochzeitspaare hier einen Baum pflanzen können, in Erinnerung an den besonderen Tag ihrer Eheschließung. Eintritt kostet der Barfußpfad nicht, einen Parkplatz findet man ganz in der Nähe.

○ Neusser Barfußpfad, Berghäuschensweg, 41460 Neuss
○ ÖPNV: Bus 841, 849, 874, Nixhütter Weg oder Brüsseler Straße

# Bäume in Miniatur

**7** *Ein Rundgang durchs Bonsai Museum*

Braucht es sonst mehrere Hände oder gar Arme, um einen Baumstamm zu umarmen, reichen bei Bonsaibäumen zwei Finger. Zart und verletzlich wirken sie, die Miniaturausgaben von Eiche und Buche, Kiefer und Tanne, Japanischem Fächerahorn und Zierkirsche und all den anderen Baumarten im Bonsai Museum. Botanik im Kleinformat, die gerade in der nahen Betrachtung auf Augenhöhe neue Zugänge zum Baum und seiner Welt zulässt.

Als Schattenspender können die knapp einen Meter hoch gewachsenen Bäumchen weniger dienen, doch als Kraftquelle halten sie mit ihren großen Brüdern mit. Wenn auch auf etwas andere Weise. Man geht mit anderer Wahrnehmung durch das Baumparadies von Werner M. Busch, dem Experten der japanischen Pflanzenkunst, wenn man sich nicht nur Zeit nimmt für die Betrachtung der Bäume, sondern auch für die gut verständlichen Infotafeln. Denn hinter „Bonsai" – was übersetzt schlicht Pflanzung in einer Schale bedeutet – steckt eine jahrtausendealte Philosophie. Taucht man hier ein, wirken die kleinen Bäume gleich viel größer – von ihrer Bedeutung und Symbolik jedenfalls.

Mit Museumsinitiator Busch hat die Bonsai-Idee einen engagierten Vertreter in Düsseldorf gefunden. Diese gibt er gerne weiter in Seminaren und Workshops vor Ort. Denn die feinen Verzweigungen im Astwuchs und die winzigen Blätter müssen hervorgelockt werden – mit Geduld und Zuwendung gegenüber dem Pflanzenobjekt. So gehört auch eine Werkstatt zu diesem besonderen Museum, ausgestattet mit zarten Werkzeugen.

Mehr als hundert Exponate ganz unterschiedlicher Art zeigt das Freiluftmuseum in Düsseldorf-Hamm. Die wenige Erde in der Pflanzschale und das detailverliebte Beschneiden der Bäume von Beginn an sorgen dafür, dass diese nur zu Bäumchen werden – aber dennoch Baumkunstwerke in Miniatur sind.

· · · · · · · · · · · · · · · · · · · · · · · · · · · · · · · · · · · · · · · · · · · · · · · ·

▶ Bonsai Museum, Hammer Dorfstraße 167, 40221 Düsseldorf, Tel. (02 11) 30 67 73
www.bonsai-museum.de
▶ ÖPNV: Straßenbahn 706, S-Bahn S8, S11, Haltestelle Hamm S

# Rheinblick inklusive

## 8 Ein versteckter Park am Flussufer

Klein, dafür mit großem Ausblick: Das Rheingärtchen am Josef-Beuys-Ufer macht seinem Namen Ehre. Direkt neben dem traditionellen Veranstaltungsort „Rheinterrasse" gelegen, verbergen Büsche und Bäume den direkten Einblick in diesen eher versteckt gelegenen, umzäunten Park. An einen Hausgarten wollte der Gestalter, Gartendirektor Walter von Engelhardt, erinnern. Mit ihren rund 5.000 Quadratmetern ist es eine der kleinsten denkmalgeschützten Anlagen Düsseldorfs und gehört zum Ehrenhof, dem Städtebaulichen Komplex, zu dem Tonhalle, Kunstpalast und NRW-Forum zählen.

Die Rheinwiesen sind nah, der Hofgarten ebenfalls. Mit der Größe und Weite dieser das Düsseldorfer Stadtbild prägenden Anlagen kann und will das Rheingärtchen nicht konkurrieren. Joggingstrecken, Picknickdecken und Hundebesitzer sucht man hier vergeblich. Aber gerade das mag den Reiz des Rheingärtchens ausmachen. Statt langer Spaziergänge, sportlicher Ertüchtigung oder gar Grillgerüchen locken hier primär die Parkbänke bei einem Besuch. Denn am Rande des kleinen Parks tut sich der Blick auf den Rhein auf. Eine Aussichtsterrasse,

**TIPP**

An der nahen Fortunabude kann man ein Bier oder Eis genießen.

üppig bestückt mit Sitzmöglichkeiten, erhebt sich über dem Rheinufer. Und mit dem Park im Rücken schweift der Blick nicht über Blumenbeete, sondern über den gemütlichen Wasserlauf.

Das Rheingärtchen entstand Mitte der 20er-Jahre im Zuge der Rheinufergestaltung. Schon damals als Ort der Ruhe und Muße geplant, gilt es auch heute als Rückzugsort, insbesondere an trubeligen Wochenendtagen, wenn die Fortunabude in direkter Nachbarschaft zur beliebten Freizeitlocation wird, sich die dortige Steinmauer zur längsten Theke der Stadt wandelt und der Radweg entlang des Parks hochfrequentiert ist. Dann findet sich im Rheingärtchen immer noch eine leere Parkbank mit Weitblick. Wer verschnaufen möchte von Büdchenatmosphäre oder Museumsbesuch, wer pausieren möchte nach dem Rheinspaziergang oder auf dem Weg in die Altstadt, ist hier genau richtig.

○ Rheingärtchen, Joseph-Beuys-Ufer, 40419 Düsseldorf
○ ÖPNV: U-Bahn U70, U74, U75, U76, U77, Haltestelle Tonhalle/Ehrenhof

# Parkband mit Geschichte

 **9**  *Es lebe der Golzheimer Friedhof*

Natur mit Erinnerungen an vergangene Zeiten – so lässt sich der Golzheimer Friedhof passend beschreiben. Ein breites, natürlich gehaltenes Parkband mit altem, hochgewachsenem Baumbestand zieht sich entlang der Fischerstraße. Eine weitere Hauptverkehrsstraße, die Klever Straße, trennt die beiden Bereiche, von denen der Nordteil im Stadtteil Golzheim liegt und der südliche im Nachbarstadtteil Pempelfort.

Vereinzelt erinnern Gräber aus dem 19. Jahrhundert an den vor mehr als 200 Jahren errichteten Friedhof. Damals lag er noch außerhalb der Stadtgrenze. Die Witterung und die Zeit haben den alten Grabsteinen zugesetzt. Doch gerade diese Patina der Natureinflüsse verleiht der lang gezogenen Grünfläche eine besondere Atmosphäre. Auf manchen Steinen und ihren Überresten lassen sich noch Namen entziffern. Darunter sind auch bekannte Namen wie Schadow und Rethel. Promis vergangener Zeit, nach denen Straßen Düsseldorfs benannt sind.

Für die Parklandschaft der Stadt bedeutend war Maximilian Friedrich Weyhe, der mit einer Erinnerungssäule als „Meister und Erbauer der Düsseldorfer Gartenkunst" geehrt wird. Geprägt von Weyhes Ideen und Plänen entstand im 19. Jahrhundert vom Benrather Schlosspark bis zu den Grünflächen der Königsallee so manches, was heute noch das Stadtbild prägt.

**TIPP**  *Der Verein bietet Führungen über den Friedhof an.*

Nicht zu vergessen der Hofgarten als Weyhes Mammutprojekt. Der Gartenarchitekt des Klassizismus ist auf dem Golzheimer Friedhof begraben. Auch diesen hatte er bereits dreißig Jahre vor seinem Tod verschönert. Ein Friedhof als Glücksort mag auf den ersten Blick ein wenig ungewöhnlich sein – auf den zweiten ergibt die Auswahl gerade bei diesem verwunschenen, denkmalgeschützten Gelände schnell Sinn. Die Wege sind eine schöne Alternative zur Straße, die Bänke im Schatten angenehme Rückzugspunkte. Ein urbanes Idyll mit Erinnerungen an vergangene Zeiten. Ein Verein kümmert sich seit Jahren um die Erhaltung und Pflege, sein zukunftsweisender Name: „Der Golzheimer Friedhof soll leben".

**◐** Golzheimer Friedhof, Fischerstraße zwischen Ergo-Platz und Robert Schumann Hochschule, 40477 Düsseldorf, www.der-golzheimer-friedhof-soll-leben.de
**◐** ÖPNV: U-Bahn U78, U79, Bus 722, Haltestelle Viktoriaplatz/Klever Straße

# Leuchtende Allee

## ⑩ *Lichtbänke im Hofgarten*

Alleen haben sowieso schon etwas Erhabenes. Raum für den Blick, Platz zum Vorwärtskommen, links und rechts des Weges flankiert von herrschaftlichen Bäumen. Bei der Allee, die vom Schloss Jägerhof in den Hofgarten hineinführt und bei einem großen Springbrunnen endet, kommen interessante Lichtakzente dazu. Leuchtende Bänke säumen die Querachse und tauchen sie während der Abendstunden in ein ungewöhnliches Spiel von Hell und Dunkel.

Die vierzehn Parkbänke aus Neonröhren sind zunächst als Kunstobjekte gedacht. Entworfen wurden sie von dem Licht- und Installationskünstler Stefan Sous, aufgestellt sind sie seit dem Jahr 2002, als im Rahmen der Europäischen Gartenschau EUREGA der gesamte Hofgarten zum Kunst-Park wurde. Die Sitzskulpturen blieben auch nach dem Ende der EUREGA im Park. Seitdem verwandeln sie die Reitallee des Hofgartens jeden Abend, jede Nacht in eine leuchtende Schneise inklusive interessanter Kontraste zu den dunklen Baumwipfeln.

So ganz gemütlich sind die Bänke zum Sitzen zwar nicht – für die einen sind die Proportionen zu groß, für die anderen die aus Leuchtröhren bestehende Sitzfläche zu unbequem –, aber als Kunstprojekt sind sie spannend und verleihen dem Hofgarten mit seinem klassizistischen Parkstil moderne Akzente.

Kein anderer Park steht so für Düsseldorfs grüne Innenstadt wie der durch den Gartenarchitekten Maximilian Friedrich Weyhe im 19. Jahrhundert angelegte Hofgarten. Zuvor war dieser dem Kurfürsten zugedacht, daher der Name. Ziel war es nun, die Bürger in den Park zu locken, nicht nur die Adeligen. Das gelang mit weit verlaufenden Wegen, viel Wasserspiel und Rasenfläche, ab und an einer Statue. Aus dem Lustwandeln für Bürgerliche ist schon lange ein Park für Düsseldorfer geworden, die Spielplätze brauchen, Picknickecken, Sonnenorte, einen Raum zum Durchatmen. Und nicht zu vergessen ist der Hofgarten für etliche nördlich gelegene Stadtteile der beste Weg, um mit dem Fahrrad in die Stadt zu gelangen.

••••••••••••••••••••••••••••••••••••••••••••••••••••••••••••••••••••

🔘 Lichtbänke im Hofgarten, Reitallee, 40479 Düsseldorf
🔘 ÖPNV: Straßenbahn 707, Bus 752, 754, Haltestelle Jacobistraße

# Erona & Jüchtwind

## ⑪ *Wahrzeichen Himmelgeister Kastanie*

Unter diesem Baum gab es Heiratsanträge und erste Küsse, er war Schattenspender und Treffpunkt und prägte das Landschaftsbild im Himmelgeister Rheinbogen über fast zwei Jahrhunderte hinweg. Das Wahrzeichen Himmelgeister Kastanie: ein 18 Meter hoher Solitärbaum am Feldrand, einer der am meisten fotografierten Bäume im Süden der Stadt. Heute ist von dem stattlichen Kastanienbaum nur noch ein Baumdenkmal übrig. Aber auch dieses ist weiterhin prägnant für den Himmelgeister Rheinbogen. Bereits 2006 sollte der Baum gefällt werden, weil er als einsturzgefährdet eingestuft wurde. Engagierte Bürger aus den angrenzenden Stadtteilen sammelten Tausende Unterschriften für den Erhalt ihres Wahrzeichens, übergaben sie dem damaligen Oberbürgermeister Erwin, und dieser entschied, dem Baum noch Zeit zu gönnen.

Es blieb eine Baumrettung auf Zeit. „Angeschlagen war die Kastanie, sie trug keine Blätter mehr, Äste brachen ab", erinnert sich mit etwas Wehmut Andreas Vogt, der sich mit dem Freundeskreis Himmelgeister Kastanie für das Wahrzeichen engagiert. Die Baumschützer mussten aufgeben, hatten aber eine Idee, um die Himmelgeister Kastanie in neuer Form zu bewahren. Ein Holzskulpturenkünstler verwandelte den Rumpf in ein Baumdenkmal und modellierte einen Baumgeist in das Holz. Dieser ist erst beim Näherkommen erkennbar. Umgeben von einem Blätterkleid schmiegt sich die Figur in den Rumpf. Benannt ist sie „Jüchtwind" – der Himmelgeister Rheinbogen wird im Volksmund Jücht genannt. Unweit der Baumskulptur wurde 2007 eine neue, weiß blühende Rosskastanie gepflanzt. Gehegt und gepflegt – sommers wässern Landwirte den Baum mit Hektolitern Wasser – breitet die junge Kastanie mittlerweile sattgrüne Äste aus. Eine Besonderheit gibt es: Der Baum hat eine Postadresse und einen Briefkasten. Der Freundeskreis antwortet auf Fragen zur Baumpflege, zur Leitung einer Bürgerinitiative und gibt praktische Tipps für eine Baumrettung. Dahinter steckt übrigens Erona, symbolisch jedenfalls, wieder ein Baumgeist.

**TIPP** Wer den Spaziergang verlängern möchte: Bis zum Rheinufer sind es zehn Minuten.

⬤ Himmelgeister Kastanie, Parkplatz Nikolausstraße/Kölner Weg, ca. einen Kilometer den Kölner Weg entlanglaufen, 40589 Düsseldorf
⬤ ÖPNV: Bus 835, Haltestelle Alt Himmelgeist

# Natur aus Japan

 *Die fernöstliche Ecke im Nordpark*

Entweder man besucht den „Japanischen Garten am Rhein", wie die besinnliche und etwas abgelegene Ecke im Nordpark offiziell heißt, unvoreingenommen und ohne Vorkenntnisse, erfreut sich am satten Blühen des dunkelrosa Rhododendrons und bestaunt die Bäume mit ihren waagerecht ausgerichteten Ästen, oder man sucht in den Elementen Bezüge zur japanischen Naturlandschaft und Kultur. Beides ist gut möglich hier am Rande des Nordparks, wo sich um einen Minisee als Mittelpunkt Anklänge aus Fernost in der Parkgestaltung verfestigt haben.

Doch wer den „Baum des aufrechten Geistes" oder den Schutzstein finden möchte, sollte sich ein wenig mit dem Hintergrund der Gartengestaltung befassen. Infotafeln helfen dabei. Angelegt wurde der Japanische Garten sozusagen als Geschenk und Zeichen der Verbundenheit von Japan zu Düsseldorf von einem eigens dafür gegründeten Verein in den 70er-Jahren. Die drittgrößte japanische Community außerhalb Japans lebt in Düsseldorf, da sind die Verbindungen naheliegend.

Klarheit und Ruhe strahlt der Japanische Garten mit seiner exotischen botanischen Schönheit aus. Und fast alles hier hat in diesem „Garten der Besinnung", wie er sich auch nennt, eine tiefere Bedeutung. Der Garten möchte Abbild der Natur in Japan sein. Zarte Brücken, massive Felsbrocken, die kleine Insel im Teich – jedes Detail hier hat symbolischen Wert.

**TIPP** Wer mehr über die japanische Kultur erfahren möchte, besucht das EKO-Haus in Niederkassel.

Vielleicht lädt der fernöstliche Garten ein, den Parkaufenthalt mal mit einer Meditation zu verbinden. Schöne Ecken und Bezugspunkte gibt es in diesem kleinen fernöstlichen Idyll reichlich. Am besten also nicht einfach nur schnell durchlaufen, sondern immer mal wieder innehalten und durchatmen oder sich gezielt einen Platz zum Meditieren suchen. Und vielleicht gelingt es dann, die vielen Gedanken im Kopf an den leise plätschernden Wasserlauf oder die im Wind schwebenden Blätter zu verlieren.

◉ Japanischer Garten im Nordpark, Stockumer Kirchstraße/Rotterdamer Straße, 40474 Düsseldorf
◉ ÖPNV: U-Bahn U78, U79, Bus 722, Haltestelle Nordpark/Aquazoo

# Urlaubsluft am Rhein

## Die Freiheit auf dem Campingplatz

Wenn man mal wieder (fast) in der Natur übernachten möchte und es für den Zelturlaub in Frankreich gerade nicht die rechte Zeit ist, ist der Campingplatz am Rhein eine praktikable Alternative. Klar gibt es hier auf dem Rheincamping Meerbusch – wie überall auf deutschen Campingplätzen – die wohlsortierten, perfekt ausgerüsteten Dauercamper mit Wohnmobil oder -wagen. Aber ohne diesen zu nahe zu treten: Das ursprüngliche Campinggefühl kommt doch erst so richtig auf, wenn nicht alles perfekt, wenn es auch mal einfacher ist.

Nah am Boden liegen, auch wenn der Rücken mal ziept auf der Luftmatratze oder Isomatte. Die Dusche genießen nach einem heißen Sommertag ohne die Rundumausstattung eines Badezimmers. Das auf dem Campingkocher zubereitete spartanische Essen wertschätzen, denn an der frischen Luft schmecken Nudeln mit Tomatensoße wie ein Sternegericht. Die Verlangsamung spüren, die sich unmittelbar einstellt, wenn der abendliche Gang zum Zähneputzen nicht ruckzuck erledigt ist, sondern Zeit braucht, weil es erst mal unter dem Sternenhimmel zum Waschhaus geht.

**TIPP** In einer der Buchten kann man angeln.

Eintauchen in ein einfaches Leben, mit weniger zufrieden sein. Auf dem Rheincamping Meerbusch können das – neben den zahlreichen internationalen Gästen, die den Platz schätzen – auch Düsseldorfer mal ausprobieren und zudem Freiheit auf einem besonders schön gelegenen Campingplatz genießen. Er liegt direkt am Radweg inmitten eines Landschaftsschutzgebietes mit wunderbarem Ausblick auf die Kaiserpfalz am anderen Rheinufer. Vielleicht verstärkt sich das Urlaubsfeeling mit einem Bier von Ibiza, das es exklusiv an der „Strandbar Tropicana" gibt. Und wer einmal Lust hat auf ein wenig mehr Infrastruktur und länger bleibt als eine Wochenendnacht, kann die Fähre nach Kaiserswerth nutzen. Oder ohne den Rhein zu überqueren einen Ausflug ins nah gelegene Meerbusch unternehmen. Aber am schönsten ist es wahrscheinlich doch, einfach den kleinen Weg zum Naturrheinstrand zu nehmen und auf den Fluss zu blicken.

**Rheincamping Meerbusch, Zur Rheinfähre 21, 40668 Meerbusch, Tel. (0 21 50) 91 18 17**
**www.rheincamping.com**
**ÖPNV: Bus 839, Haltestelle Zur Rheinfähre**

# Im Hofcafé am Teich

**14** *Ausflugsort Abtsküche in Heiligenhaus*

Ein Spaziergang rund um den kleinen See, ein Besuch im historischen Museum, ein Stück Kuchen auf dem großen Außenbereich des Hofcafés Abtsküche – Freizeitmöglichkeiten rund um den Abtskücher Stauteich, dieses Fleckchen Natur in Heiligenhaus mit historischer Vergangenheit und hohem Freizeitwert im Hier und Jetzt. Das Landschaftsschutzgebiet mit dem ganz eigenen Namen ist eng verbunden mit der Abtei Werden, einem Benediktinerkloster an der Ruhr. Diese erlangte durch eine Schenkung das Gebiet, zu dem elf Bauernhöfe gehörten. Einst stand hier eine Burg oder gar ein Schloss, je nachdem welche Ansprüche man an Luxus und Titel hat. Der Wehrturm aus dem Jahr 1537 ist ein Überbleibsel des alten herrschaftlichen Gebäudes und steht heute in einem schön angelegten Garten. Statt eines Schlosses wurde 1744 ein großzügiges Fachwerkhaus errichtet.

Das Hofcafé Abtsküche ist nicht weit entfernt vom Stauteich. Neben der großen Terrasse gibt es Tische in Gartenecken verteilt. Rückzugsnischen in der Sonne. Und ist das Wetter mal nicht so gut, warten im Innenbereich des Hofcafés lauschige Plätze am Kamin.

**TIPP** *Das Café liegt auf der Route des Neanderlandsteigs.*

Oldtimer entdecken kann man in einer umfunktionierten Museumsscheune nahe dem See. Hier zeigt das Feuerwehrmuseum Heiligenhaus funktionsfähige Oldtimer aus sieben Jahrzehnten. Wer Interesse hat an Feuerwehrgeschichte, ist im Feuerwehrmuseum Heiligenhaus genau richtig. Hier findet sich eine umfangreiche Sammlung von unterschiedlichsten Exponaten aus über hundert Jahren.

Und wer noch mehr Geschichte möchte, geht weiter in das Heimatmuseum des Geschichtsvereins Heiligenhaus. Untergebracht ist es in einer ehemaligen Landschule aus dem Jahr 1908. In der Dauerausstellung „Leben und Arbeiten in Heiligenhaus zwischen Tradition und Moderne" taucht man in die Vergangenheit ein: Schule, Hauswirtschaft, Handwerk, insbesondere das in Heiligenhaus traditionell ansässige Schlosserhandwerk sowie die Schlossindustrie.

◗ Abtsküche, Abtskücher Straße, 42579 Heiligenhaus
www.hofcafe-abtskueche.de
◗ ÖPNV: Bus 770, 771, Haltestelle Abtskücher Straße

# Die Blume im Titel

**15** *Der Florapark in Unterbilk*

Manchmal tut es gut, auf einer Bank zu sitzen. Auch wenn man noch nicht achtzig Jahre alt ist und die Beine so schnell müde werden beim Spazierengehen. Aber vielleicht ist der Geist müde und der Körper erschöpft, angestrengt von Alltagstrubel, To-do-Listen, Reizüberflutung und Großstadtleben. Die Parkbank rechts oberhalb des Weihers im Florapark ist ein Beispiel von vielen in Düsseldorfs Parklandschaft, wo es sich niederzulassen lohnt. Für ein paar Minuten, für eine Auszeit. Um die Gedanken zu sortieren, um das Stresslevel zu senken, um gestärkt weiterzuziehen. Der Blick geht auf eine Springbrunnenfontäne, die Gedanken ziehen in die Ferne. Durchatmen, ankommen – auf der Bank und bei sich.

Der Florapark, auch Floragarten genannt, ist ein Rückzugsort in dem dicht bebauten südlichen Stadtteil Unterbilk. Eine grüne Oase im Großstadttreiben. Seine Gründung um das Jahr 1870 ging auf eine Privatinitiative zurück. Durch die Ausgabe von Aktien konnte der kleine Stadtteilpark – damals noch mit exotischem Palmenhaus, großem Gartenrestaurant und öffentlichem Konzertplatz – errichtet werden. Eintrittsgelder sorgten dafür, dass der Park in Schuss gehalten werden konnte. 1902 kaufte die Stadt Düsseldorf den Park und übernahm die Verantwortung für das Gelände und die Pflege.

**TIPP** Weitere Florabars gibt es im Volksgarten und am Alten Bilker Friedhof.

Heute muss man keinen Eintritt zahlen. Ein wenig Geld sollte man dennoch mitnehmen, um in der nach diesem Park benannten Florabar am Eingang ein leckeres Stück Kuchen oder eine Dinkelwaffel zu essen. Die Biertischgarnituren sind eine gute Alternative oder Ergänzung zur oben erwähnten Parkbank.

Blumenpracht darf man trotz des floralen Titels nicht allzu viel erwarten im Florapark, dafür ausladende, alleenähnliche Wege, uralte Bäume und Adam und Eva. Am Eingang an der Bilker Allee geht es direkt auf die Statue der biblisch ersten Menschen zu. Adam hält seine Eva schützend im Arm, und zwar inmitten einer bunten Blumenpracht, die sich dann doch im Einklang mit dem Namen Florapark zeigt.

⊙ **Floragarten, Bilker Allee/Kronenstraße/Bachstraße/Palmenstraße, 40217 Düsseldorf**
⊙ **ÖPNV: S-Bahn S8, S11, S28, U-Bahn U71, U72, U73, U83, Bus 835, 836, Haltestelle S-Bahnhof Bilk**

# Pflanzenpracht im Verkehr

## 16 Die Salbeibänder werten das Straßenbild auf

Kurz hinter dem Freiligrathplatz in Stockum beginnen sie, die Salbei-bänder in sattem Violett. Ein sporadisches Glück, sind sie doch am schönsten während ihrer Blütezeit in den Frühlingsmonaten zwischen Anfang Mai und Juni. Links und rechts entlang der schnurgeraden Stra-ßenbahngleise bis hinter den Reeser Platz ziehen sich Abertausende zarter Pflanzen. Ein wenig wild wachsen sie nebeneinander, mal kurz, mal lang. Über drei Haltestellen hinweg säumen sie die unscheinbaren Gleisstränge. Sie werten die gesamte Straße links und rechts der Gleise zu einem mediterranen Blüteereignis auf.

Auf der Höhe des Nordparkgeländes am Eingang zum Aquazoo wird die Pflanzenpracht üppiger. Das Violett wirkt stärker, und die Blüten scheinen noch unzähliger, als ob der Ziersalbei ein klein wenig in Konkurrenz treten möchte mit dem nahe gelegenen Nordpark und angesichts dessen gehegter und gepflegter Blumenbeete, wo jährlich 18.000 Blumen blühen, zeigen will, dass auch zarte Staudenpflanzen etwas bewirken können.

Doch nicht immer ist Zeit für einen Parkbesuch, und so sind die Salbei-bänder eine schöne Abwechslung im Straßenbild. Ob auf einer Autofahrt auf dem holprigen Kopfsteinpflaster, beim Ausblick aus der vollen U-Bahn oder während des Fahrens auf den Radwegen entlang der Kaiserswerther Straße – die Hunderte von Metern Salbeibänder verleihen der Strecke für alle Verkehrsteilnehmenden, natürlich auch denen zu Fuß, mehr Schönheit. Zum einen erinnern sie ein wenig an Lavendelfelder in der Provence, zum anderen macht die unerwartete Blütenpracht entlang dieser großen Straße sie zu einem besonderen Ort.

Der hier großzügig angepflanzte Steppensalbei hat mit dem sogenannten Echten Salbei, wie man ihn als Heil- und Küchenkraut kennt, übrigens nicht allzu viel gemeinsam. Pflücken sollte man den Ziersalbei also auch aus diesem Grund nicht.

**TIPP** Auch die zweite Blütezeit im Herbst ist sehenswert.

---

○ Kaiserswerther Straße zwischen Freiligrathplatz und Reeser Platz, 40474 Düsseldorf
○ ÖPNV: U-Bahn U78, U79, Haltestelle Freiligrathplatz oder Nordpark/Aquazoo

# Rundenlauf oldschool

**17** *Die Joggingstrecke im Zoopark*

Man kann mit Smartphone und Sport-App laufen, mit Schrittzähler, mit professionellem Fitnessarmband – oder man dreht seine Runden im Zoopark und guckt ab und zu auf den Boden. Denn hier verweisen Markierungen im 100-Meter-Abstand auf analoge Weise auf den individuellen Fitnesszustand. Eine Runde um den See: Das sind dann etwas weniger als ein Kilometer. Eine feine Strecke für Einsteiger, aber bald könnte dann auch mehr drin sein als eine einzige Laufrunde, wenn es gilt, den Feierabendsport zu absolvieren oder sich am Wochenende fit zu halten. Das Plus für dunkle Winterabende, wenn es im Wald schon längst ungemütlich ist: Die gesamte Laufstrecke ist beleuchtet.

Der Zoopark ist beliebt bei Läuferinnen und Läufern, auch auf anderen Wegen als direkt am Wasser. Davon gibt es noch mehr als den kleinen See, auch die Düssel schlängelt sich durch den Park. Zudem ist der Park für vielerlei Freizeitvergnügen geeignet, ausgestattet mit großem Spielplatzgelände und Sportbereichen zum Fußball-, Basketball- oder Tischtennisspielen, aber auch mit ausreichend Verweilplätzen mit Seeblick oder im Baumschatten.

**TIPP** *Durch die offenen Wände der Eissporthalle zum Park kann man beim Training der Eishockeyteams zuschauen.*

Mit seinen 13 Hektar zählt die grüne Lunge im Düsseltal zu den mittelgroßen Parkflächen Düsseldorfs. Er entstand in seiner heutigen Form als Stadtteilpark im Jahr 1951. Bis zum Jahr 1943, als Teile des Zooviertels bei Bombenangriffen zerstört wurden, hatte hier ein Tierpark sein Zuhause. 1876 war dieser Zoo eingeweiht worden, daran erinnert nur der Name des Parks und das ihn umgebende gleichnamige Viertel. Die Stadt Düsseldorf hatte sich statt für den Wiederaufbau eines Zoos für die Errichtung des Aquazoos am Nordpark entschieden. Heute leben auf dem einstigen Tierparkgelände immerhin Enten, Kaninchen und Singvögel. Im Sommer ist der Wasserspielplatz am nordöstlichen Rand des Parks besonders beliebt. Für den Winter, vorausgesetzt es schneit mal wieder in Düsseldorf, sollte man sich die Rodelstrecke im Parkbereich hin zur Mathildenstraße vormerken.

○ Zoopark, umrahmt von Brehm-, Gruner-, Mathilden- und Faunastraße, 40239 Düsseldorf
○ ÖPNV: Straßenbahn 706, 708, U-Bahn U71, Bus 725, 812, Haltestelle Brehmplatz

# Sehnsucht nach Wildnis

 **Unterwegs im Neandertal bei Mettmann**

Ein wenig kommt man sich vor wie in der Wildnis Kanadas, wenn der erste Bison zwischen den Bäumen hervortritt. Das Tier strahlt ursprüngliche, lebendige Naturgewalt und gleichzeitig tiefe Ruhe aus. Da ist schon das nächste. Das Schnauben der zotteligen Bisons dringt herüber und mit ihm ein Hauch von Freiheit. Unbedingt erwarten würde man diese Begegnung nicht beim Wandern im Mettmanner Neandertal, wo sich die Sehnsucht nach freier Wildbahn stillen lässt.

Denken wir uns den Zaun weg, versetzen wir uns Millionen Jahre zurück, dann heißt es: Ankommen im Eiszeitlichen Wildgehege im Neandertal. Ein etwa eineinhalbstündiger Rundweg führt vorbei an Wisent, Auerochse und Tarpan – alles Tierarten, die bereits in der Eiszeit in dieser Gegend lebten. 1935 wurde das Wildgehege angelegt, nahe der Fundstelle des Neandertalers, der historischen Promistatus erlangt hat. Der Fund gab der Forschung Aufschluss über Lebensweise und Entwicklung des Menschen – und er machte das Bachtal bei Mettmann weltweit bekannt.

**TIPP** *Im Neanderthal-Museum kann man in die Geschichte der Menschheit eintauchen.*

Im weiträumigen Gehege innerhalb des Naturschutzgebietes leben auf 23 Hektar rund dreißig Tiere, die damals zur Jagdbeute zählten. Beim Rundweg um das Eiszeitliche Wildgehege an Wald, Wiesen und Feldern entlang lässt sich die Verbindung zur Frühzeit erspüren. In der Senke grast eine Gruppe Auerochsen. Am besten nimmt man einen Feldstecher zum Neandertalausflug mit und zoomt die scheuen Tiere heran, um die Weichheit des zotteligen Fells und die geerdete Gelassenheit noch genauer betrachten zu können.

Ob dem Neandertaler und seinen Zeitgenossen die Freiheit der Natur bewusst war? Ob für ihn der Wald auch nach Heimat gerochen hat? Ob ihm das Herz leichter wurde beim Blick in die Baumkronen? Vielleicht war ja auch der Neandertaler nicht nur mit dem Überleben in der Natur beschäftigt.

---

Neandertal, Parkplatz Talstraße 300, 40822 Mettmann, Tel. (0 21 04) 99 28 21
www.wildgehege-neandertal.de, www.neanderland.de
ÖPNV: S-Bahn S28, Bus 012, Haltestelle Neanderthal S, S-Bahn S8, S11,
Haltestelle Hochdahl-Millrath, Bus 741, 743, Haltestelle Neanderthal/Museum

# Malerisch im Malkastenpark

 **Rückzugsort mit Kunstappeal**

Wer bei der Fontäne im „Venusteich" angekommen ist, hat die frischeste Stelle des Malkastenparks erreicht. Allein der Blick auf das sprudelnde Nass verspricht Kühlung, verstärkt wird sie durch den Schatten des alten und neuen Baumbestands. Auch am Jacobigarten, wie der Malkastenpark historisch bedingt genannt wird, ging Pfingststurm Ela 2014 nicht ohne Schaden vorbei. Nur mithilfe des Künstlervereins Malkasten konnte seine Pracht in den letzten Jahren wiederhergestellt werden. In die Pflege der Gartenanlage fließt auch der 2 Euro teure Eintritt, zu entrichten an einem Drehkreuz am Eingang.

Die Einkaufsmeile Schadowstraße ist zwei Minuten Fußweg entfernt, an der Parkrückseite staut sich der Berufsverkehr. Davon ist im Malkastenpark, diesem sorgfältig gepflegten Fleckchen Natur inmitten der City, erstaunlich wenig zu merken. Der viel prominentere und größere Hofgarten ist nah. Dafür ist man im Malkastenpark oft einfach für sich und bekommt zudem Kunst geboten mit Skulpturen auf dem Gelände.

Einst wohnte hier der Philosoph und Literat Friedrich Heinrich Jacobi (1743–1819), nach dessen Familie das Anwesen benannt ist. Er empfing neben anderen prominenten Gästen Johann Wolfgang von Goethe und Wilhelm von Humboldt innerhalb seiner Gartenmauern.

**TIPP**  Wechselnde Ausstellungen im Künstlerverein Malkasten.

Ist der Malkastenpark das Jahr über für kleine Spaziergänge und ruhiges Durchatmen im Stadttrubel prädestiniert, öffnet er einmal im Jahr seine Pforten ganz weit und wird von einer bunten Abendgesellschaft bevölkert. Zum Auftakt der Sommerferien gibt es ein großes Fest mit Musik, Kultur und Ausstellungen in Anknüpfung an eine alte Tradition: Schon im 19. Jahrhundert fanden hier Künstlerfeste statt.

Den Park am Rande, nicht minder schön, erleben die Besucher des Lido-Restaurants im Malkastengebäude entweder durch die Glasfront oder auf der großzügigen Terrasse. Wahlweise begleitet von preiswerterem Lunch oder einem Fünf-Gänge-Menü. Alternativ lockt in der warmen Jahreszeit ein Biergarten linker Hand des Geländes.

---

**◉ Malkastenpark Jacobigarten, Jacobistraße 6, 40211 Düsseldorf**
**www.malkasten.org**
**◉ ÖPNV: Straßenbahn 704, 705, 707, U-Bahn U71, U83, Haltestelle Schadowstraße,**
**Straßenbahn 707, Bus 752, 754, Haltestelle Jacobistraße**

# Langsam flussaufwärts

 **Eine Schiffstour nach Kaiserswerth**

Eben noch auf den manchmal mit zu viel Leben gefüllten Kasematten gewesen, jetzt den Wind im Gesicht spüren und Düsseldorf von ganz anderen Seiten kennenlernen: Beim Besteigen der Ausflugsschiffe, die an der Düsseldorfer Rheinuferpromenade an den Kasematten ablegen, ändert sich die Perspektive. Ob es in den Norden nach Kaiserswerth oder bis nach Duisburg geht oder Richtung Süden nach Zons oder sogar nach Köln – das Tempo auf dem Schiff ist angenehm verlangsamt, besonders wenn es flussaufwärts geht. Das Ufer gleitet vorüber, die Sonne wärmt das Gesicht. Zuerst zieht die Altstadt mit ihren prägnanten Gebäuden vorbei. Die Betriebsamkeit und das Gewimmel von Touristen und Wochenendausflüglern, die sich auf den Kasematten treffen, ist schnell vergessen, sobald das Ausflugsschiff abgelegt hat und die Rheinpromenade in die Ferne rückt.

Wir nehmen das Schiff nach Kaiserswerth. Nach dem markanten, leicht gedrehten Turm der St. Lambertuskirche gleitet die imposante Tonhalle vorbei und kurz darauf Düsseldorfs bekanntester Kiosk, das Fortuna-

**TIPP** Eine Besichtigung der Kaiserpfalz-Ruine ist lohnenswert.

büdchen. Entlang des Rheinparks mit den ausladenden Wiesen und des Messegeländes geht es zu grüneren Orten. Die linksrheinische Seite ist schon seit Längerem Natur (fast) pur. Eine gute Stunde dauert die Fahrt in den nördlichen Stadtteil Kaiserswerth. Sie findet in den Frühlings- und Sommermonaten mindestens zweimal am Tag statt.

Angekommen in Kaiserswerth, der einst eigenständigen Stadt mit Kaiserwohnsitz, lohnt sich nicht nur der Gang auf den Marktplatz mit seinen Barockhäusern aus dem 17. und 18. Jahrhundert. Der historische Ortskern rund um die St. Suitbertus Basilika hat viele schöne Ecken zu bieten, und das Eis im Lido Eiscafé zwischen Marktplatz und Rhein ist eines der besten der ganzen Stadt – wenige, superleckere Sorten, auf die Hand verkauft an einem kleinen Fenster. Gestärkt geht es dann entweder mit dem Schiff zurück an die Anlegestelle in der Altstadt, oder man nutzt die U-Bahn für den Rückweg.

> **⊙** Anlegestelle Rheinuferpromenade, 40213 Düsseldorf
> www.w-flotte.de
> **⊙** ÖPNV: U-Bahn U70, U71, U72, U73, U74, U75, U76, U77, U78, U79, U83, Bus 780,
> Haltestelle Heinrich-Heine-Allee

# Jahreszeiten erspüren

### 21 Garten der Sinne in Ratingen

Wie weich Blätter sein können. Wie piksig und wie glatt. Für Sehende ist es ein Experiment, mit geschlossenen Augen die Beete im Garten der Sinne zu erkunden. Für blinde Menschen ist es Alltag, die Welt mit anderen Sinnen als den Augen zu erfahren. Tasten, Riechen, Schmecken und Hören ersetzen das Augenlicht.

So hängen in diesem Gartenprojekt Informationstafeln in mit den Fingerspitzen lesbarer Brailleschrift neben den üblichen gedruckten Schildern. Der Garten der Sinne – 4 Jahreszeiten, wie er offiziell heißt, liegt nahe des Ratinger Ortskerns.

Jeder Jahreszeit ist ein Beet gewidmet mit typischen Blumen, Kräutern und Gräsern. Der Frühling ist gerade verblüht, da kommen wir im nächsten Jahr wieder. Dann erwarten uns hier Frühjahrsboten mit wohlklingenden Namen wie Blaukissen, Maiglöckchen, Schlüsselblume, Frühlingsaster und Duftveilchen. Im Sommerbeet, wo Staudenbepflanzung vorherrscht, duften der Thymian und der Lavendel. Leicht die Blätter und Blüten reiben und den Duft nach mediterranem Urlaub in der Nase spüren. Streckt man seine Hand aus und streicht über die zarten Gräser des Herbstbeetes, fühlt es sich an wie unzählige Federn, die sich im Wind wiegen. Dahinter stecken Pflanzen wie Pfeifengras und Federborstengras. Das Winterbeet mit seinen immergrünen Gehölzen löst die Blütenfülle des Jahres ab und bietet verschiedenste Grünschattierungen und Beschaffenheiten der Pflanzen. Was nun genau Federgras und Bärenfellschwingel ist, bleibt trotz Beschriftung etwas unklar. Dafür lernt man die superweichen Blätter einer unbekannten Pflanze kennen, wenn die Hände das Beet-Erkunden übernehmen.

Angelegt wurde der Garten der Sinne gemeinsam mit dem Blinden- und Sehbehindertenverein Ratingen. Parkbänke rahmen den Garten ein.

- - - - - - - - - - - - - - - - - - - - - - - - - - - - - - - - - - - - - - - - - - - - - - - - -

**○ Garten der Sinne, Wallstraße, rechts neben der Hausnummer 33, 40878 Ratingen**
**○ ÖPNV: Bus 749, 753, 757, 759, 773, Haltestelle Bechemer Straße**

# Lebensraum Auenlandschaft

 **Urdenbacher Kämpe**

Das größte Naturschutzgebiet Düsseldorfs. Die meisten Kühe der Landeshauptstadt auf der Weide. Die älteste Naturschutzstation am Niederrhein. Mit Superlativen kann die Urdenbacher Kämpe punkten. Doch eigentlich braucht sie das gar nicht. Viel wertvoller ist es, einen Nachmittag oder einen Tag hier zu verbringen, entlang der Streuobstwiesen zu radeln oder spazieren zu gehen, den leicht gelangweilt wirkenden Kühen beim Grasen zuzusehen, den Rhein von einer anderen Seite kennenzulernen. Denn hier breitet er sich in ursprünglicher Auenlandschaft aus. Keine Deiche, keine Begradigungen – dafür ab und an ein Hochwasser, das sich in einen natürlichen Überflutungsraum erstrecken kann und damit Düsseldorf flussabwärts schützt. Die Natur auf sich wirken lassen.

Spätestens beim zweiten Besuch ist dann Zeit und Raum für ein paar Informationen über diese für ganz Düsseldorf wertvolle Auenlandschaft vor den Toren der Stadt an der Grenze zu Monheim. Die Biologische Station Haus Bürgel hat Tafeln mit Wissenswertem über Flora und Fauna, Historie und Heutiges am Wegesrand aufgestellt. Auf ausgeschilderten Erlebnisrouten zwischen 2 und 10 Kilometern Länge lässt sich die Urdenbacher Kämpe von verschiedenen Seiten erkunden.

 **TIPP** Haus Bürgel, Naturschutzverbände und Gartenamt bieten Naturexkursionen an.

Wer noch etwas Abwechslung zur Natur der Urdenbacher Kämpe möchte, besucht Haus Bürgel, im Zentrum der Kämpe zwischen Düsseldorf und Monheim gelegen. In dem ehemaligen Römerkastell, einem Bau- und Bodendenkmal, sind eine Naturschutzstation sowie ein Museum zur römischen Geschichte beheimatet. Hier taucht man in Geschichte ein und erfährt mehr über die Römer, die der Kämpe vor etwa 2.000 Jahren mit der Bezeichnung „campus" ihren Namen gaben. Wo heute das Museum ist, lebten früher 150 Soldaten mit ihren Familien. Wie sie lebten, was sie aßen und wie sie kämpften, erfährt man bei einem anschaulich gestalteten Rundgang.

Urdenbacher Kämpe, Ortweg/Stümpeweg, 40593 Düsseldorf
www.hausbuergel.de, www.auenblicke.de
ÖPNV: S-Bahn S6, Haltestelle Hellerhof, Bus 788, Haltestelle Campingplatz,
Haus Bürgel und Mühlenplatz

# Naturnahe No-go-Area

## 23 Der „Heerdter Busch" im Heerdter Ökotop

Dieser Glücksort ist einer, den Menschen nicht betreten dürfen. Dafür aber das Naturschutzgebiet darum herum. Gemeint ist der „Heerdter Busch". Er liegt im gleichnamigen Ökotop Heerdt. Eine verwilderte Fläche, auf der die Natur sich selbst überlassen ist, gänzlich ohne menschliche Einflussnahme. Die Bäume pflanzen sich selber aus. So wächst hier eine Art Urwald, wo vorher nur Wiese war. Ob Fuchs oder Falke, nicht nur Düsseldorfs ungewöhnliche Tierarten zieht es in den Heerdter Busch, sondern natürlich auch Insekten, Mäuse, Kaninchen und Feldmäuse.

Nicht ganz Natur pur wie der „Heerdter Busch", aber doch sehr naturnah, ist das gesamte Ökotopprojekt. Es entstand vor mehr als dreißig Jahren. Erst sollten Firmen des Brachgelände besiedeln, daraufhin schlossen sich Bürger aus dem linksrheinischen Stadtteil zusammen, die sich eine andere Nutzung vorstellten und schließlich auch erfolgreich verwirklichen konnten: ein naturnahes Großprojekt in der Großstadt, jedenfalls am Rande davon. Wohnungen und Häuser in einer Art Außengürtel eines großen Geländes – viel Grün, etliche Hochbeete, verschlungene Wege, Streuobstwiesen, ein Spielgelände und zahlreiche Wildgärten. Letzteres sind ganz besondere Schrebergärten. Jeweils zehn Gärten sind in einem Rondell angelegt, sodass sich sechsmal sternenförmige Gartenformationen um eine gemeinsame Fläche in der Mitte zusammenfügen. Jeder der insgesamt sechzig Gärten ist auf seine Weise einzigartig. Kein Gartenzaun trennt, nur Hecken und Holzäste. Es blüht und wächst, wie es die Natur vorgibt. Auf chemische Dünger- und Pflanzenschutzmittel verzichten die Ökotopianer.

Ein ökologischer Lehrpfad führt über das Gelände des Ökotop Heerdts. Schautafeln erklären einzelne Stationen, so erfährt man nebenbei Wissenswertes über Insektenhaus, Bienenzucht und Baumbestand. Beim Rundgang kommt man dann auch am Heerdter Busch im Zentrum des Geländes vorbei – der naturnahen No-go-Area.

......................................................................

▶ Ökotop Heerdt e. V., Am Ökotop 70, 40549 Düsseldorf, Tel. (02 11) 50 13 12
www.oekotop.de
▶ ÖPNV: U-Bahn U75, Haltestelle Nikolaus-Knopp-Platz oder Aldekerkstraße, Bus 828, 833,
Haltestelle Berzeliusstraße

# Konkurrenz zur Kunst

 *Liegestühle am Ehrenhof*

Eigentlich steht Kunst im Mittelpunkt am Ehrenhof. Museen bilden hier ein gewichtiges Ensemble. Große Wechselausstellungen werden gezeigt im Kunstpalast. Die ständige Sammlung mit mehr als 100.000 Exponaten im gegenüberliegenden Gebäudetrakt zieht nicht nur Touristen an. Doch ein abwechslungsreiches Highlight der unverhofften oder der geplanten Rast sind die Liegestühle rund um den großen Springbrunnen auf dem Platz vor den Museen – für Kunstliebhaber wie zufällig Vorüberziehende, für Radfahrer auf dem Heimweg aus der Stadt wie für Familien nach dem Spielplatzbesuch.

Die Fontäne bringt symbolische Erfrischung an heißen Tagen, wenn die Liegestühle in den Schatten des Museumskomplexes gezogen werden. An Tagen, an denen wir gerne die Sonne suchen – im Frühling oder Frühherbst –, bleiben die weiß bespannten Ruheplätze entlang der Springbrunnenrundung aufgereiht und wirken selbst aus der Ferne betrachtet im Zusammenspiel mit dem Springbrunnen wie ein Kunstwerk.

Die Picknickdecke kann man zu Hause lassen, aber vielleicht ein wenig Lesestoff mitbringen, um die Liegestühle ausgiebiger zu nutzen. Oder man lässt den Blick über das geschichtsträchtige Ehrenhofensemble schweifen, das sich bis hin zur Tonhalle erstreckt.

**TIPP** *Jedes Jahr im Sommer findet zur Eröffnung der großen Kunstausstellung NRW im Ehrenhof ein Fest statt.*

1926 entstand dieser Komplex nach den Plänen von Wilhelm Kreis und dem Vorbild des Pariser Petit Palais. Zu der heutigen Kunstmeile zählen außerdem das NRW-Forum, wo der Schwerpunkt auf Fotografie, Video und Design liegt, und die Tonhalle als besonderer Konzertsaal. Auch im Kunstpalast selbst findet eine hochkarätig besetzte Konzertreihe statt sowie Lesungen.

Zurück zu den Liegestühlen. Bedruckt sind sie mit Lexikoneinträgen rund um Kunstepochen wie Zero oder Gotik. Kunstepochen, die allesamt in den benachbarten Museumsgebäuden vertreten sind. Damit ist die Verbindung zur Kultur schnell hergestellt.

⊙ **Kunstpalast, Kulturzentrum Ehrenhof, Ehrenhof 4–5, 40479 Düsseldorf, Tel. (02 11) 56 64 21 00**
**www.smkp.de**
⊙ **ÖPNV: U-Bahn U70, U74, U75, U76, U77, Haltestelle Tonhalle/Ehrenhof**

# Wo früher Mönche lebten

**25** *Der Kartäuser Park am Kittelbach*

Früher stand hier ein Kloster vor den Toren der Stadt. Mönche, die sich der Einsamkeit und dem Schweigen verschrieben hatten, lebten an diesem Ort in Gemeinschaft und Glaubenssicherheit. Heute erinnert ein Denkmal an das Kartäuserkloster Maria Hain. 1869 war es gegründet worden. Eine überlebensgroße Mönchsstatue steht am Rand des Weges, der mitten durch den nach den Mönchen benannten Kartäuser Park in Unterrath führt. Ein wenig düster sieht sie aus auf den ersten Blick: in Schwarz gehalten, mit typischer Mönchskutte, das Haupt bedeckt. Doch die Mönchsstatue hält ein aufgeschlagenes Buch in den Händen, und das weckt sofort Sympathie. Nimmt man auf einer der Bänke gegenüber der Erinnerungsstätte Platz, wandert der Blick immer wieder zurück zu diesem Buch. Ob nun Bibel oder Kirchenlehrbuch damit gemeint war? Egal. Schön ist die Verknüpfung an das geschriebene Wort. Ein Gedanke kommt auf: Warum nicht mal Lektüre zum Spaziergang mitnehmen und die Bank vis-à-vis des Mönches nutzen?

Die echten Kartäusermönche lebten übrigens knapp hundert Jahre in Stille und Abgeschiedenheit nahe des Kittelbachs, der sich heute noch durch das Parkgelände zieht und streckenweise renaturiert ist. Daher wird die Grünfläche auch Kittelbachpark genannt. Viel Grün, etwas verwildert, Brombeeren am Wegesrand. Der Weg durch den Park ist eine gute Abkürzung für Radfahrer, um von der Unterrather Straße in den nördlichen Bereich Richtung Flughafen zu kommen. Es wurden auch schon Koffer ziehende Reisende gesichtet, die unter der Autobahn hindurch bis zum Flughafenterminal spazieren, bevor sie in den Flieger steigen.

1965 zogen die Mönche sich vor der wachsenden Stadt zurück. Die speziell für ein Kartäuserkloster notwendige Stille wurde mehr und mehr gestört. Ihr Kloster wurde für den Bau des Flughafens abgerissen. Die Schweigemönche verlegten ihre klösterliche Dependance nach Baden-Württemberg.

● Kartäuser Park, Unterrather Straße, 40468 Düsseldorf
● ÖPNV: Straßenbahn 705, 707, Bus 729, 730, 760, 810, Haltestelle Am Röttchen

# Mittagspause im Hafen

 **26** *Auf der Brücke am Lido*

Das Glitzern auf den Wellen entspannt computerbildschirmmüde Augen. Der Blick bis zum Horizont beruhigt den meetingerschöpften Geist. Eine Mittagspause auf der kleinen Brücke im Hafen kann zum Glücksmoment im Arbeitsalltag werden. Die Fußgänger- und Radwegbrücke verbindet die Straße Am Handelshafen mit der Speditionstraße auf der kleinen Halbinsel und führt über den ehemaligen Handelshafen.

Längst ist durch die Büros, Hotels und Geschäftsräume der alte Flair der Zeit verloren gegangen, als der Düsseldorfer Hafen im Süden der Stadt wichtiger Umschlagplatz in der Logistik Nordrhein-Westfalens war. Damals legten hier große Containerschiffe aus aller Welt an. In den 70er-Jahren begann die Wandlung des einstigen Handelshafens, und es entwickelte sich die heutige Mischung aus Büros, Hotels, Cafés und Geschäften. In den 90er-Jahren wurde eifrig gebaut und umstrukturiert. Der Medienhafen entstand. Menschen wohnen nur wenige hier, 130 Einwohner zählt der am dünnsten besiedelte Stadtteil Düsseldorfs.

Moderne Architektur wie die wellenförmigen Gehry-Bauten am Gebäudekomplex „Der neue Zollhof" ergänzen restaurierte und

**TIPP**  Feines Essen gibt es im Lido Hafen direkt an der Brücke.

umgebaute Lagerhallen. Wo früher Getreide lagerte und Schiffsladungen verteilt wurden, sind jetzt moderne Büros eingezogen. Working Spaces, Agenturen und Medienfirmen herrschen vor. Dazu kommen eine Vielzahl an Restaurants, Bars, Clubs, Hotels und ein großes Multiplex-Kino. Nachtleben im Szeneviertel inklusive.

Zurück zu der kleinen Brücke ohne Namen. Weiße, rechteckige Leuchtkörper links und rechts an der Seite laden zum Hinsetzen ein. Das verglaste Brückengeländer ermöglicht freie Sicht auf den Rhein. Die Holzpanelen am Boden vermitteln eine angenehm dunkle Farbgebung. Ein Plausch mit dem Lieblingskollegen, ein leckeres Sandwich, ein paar Minuten Nichtstun, ein wenig Sonne auf der Haut – die perfekte Mittagspause im Freien.

---

○ Brücke zwischen Am Handelshafen und Julo-Levin-Ufer, 40221 Düsseldorf
○ ÖPNV: Straßenbahn 707, Bus 723, 732, Haltestelle Speditionstraße

# Jung & schlicht

 **Maurice-Ravel-Park im Le Quartier**

Französische Anklänge sollten im Neubaugebiet auf dem Gelände des ehemaligen Güterbahnhofs zwischen der Brücke an der Jülicher Straße und der Franklinbrücke vorherrschen: Le Flair heißt das Wohngebiet, meist wird es Quartier genannt, und der Park ist nach dem französischen Komponisten Maurice Ravel benannt.

Das Bahngelände mit seinen 35 Hektar trennte die Stadtteile Derendorf und Pempelfort mehr als hundert Jahre lang. Anfang des 21. Jahrhunderts entstanden erste Pläne, die stillgelegte Infrastruktur vornehmlich mit mehrstöckigen Wohnhäusern im modernen Stil zu bebauen. Der Maurice-Ravel-Park ist einer der jüngsten Düsseldorfs, er wurde 2012 eröffnet. Ähnlich wie die Architektur im Le Quartier ist er modern gehalten. Drei Bereiche bestimmen die Grünfläche, die sich mit ihren 4 Hektar schmal entlang des Wohngebietsrandes erstreckt. Den „Garten der Ruhe" prägen zarte Bäume und eine Lichtung. Kiefern und Birken – rote Borke, weiße Rinde – sorgen für ein Farbenspiel. Am anderen Parkende gibt es den „Garten der Sukzession", der an den Ursprung des Geländes erinnern soll. Auffällig sind hier die in den Boden eingelassenen

**TIPP** — Ein Smoothie im Birdie & Co, Marc-Chagall-Straße 108, schmeckt nicht nur nach dem Sport.

Gleise. Sie führen zu einer Gedenkstätte. Mehr als 6.000 Juden wurden vom Derendorfer Güterbahnhof aus in Konzentrations- und Vernichtungslager wie Buchenwald, Auschwitz und Treblinka deportiert. Die Namen sind eingraviert in Metall, sie stehen für ein Nicht-Vergessen.

Kontrastprogramm im „Garten der Bewegung", im mittleren Parkteil ist ein Spielplatz im Vordergrund, besonderes Element: eine riesengroße Spielröhre mit Schaukelmöglichkeiten und Kletterseilen. Durch die plateauartige Gestaltung eignet sich der gesamte Park für Bewegung. Treppenstufen rauf und runter – Einstimmung ins Sportprogramm. An den Sitzmauern lassen sich Fitness- und Dehnübungen praktizieren, die Hügel am Rande eignen sich für herausfordernde Sprints mit Steigung. Die puren Laufrunden klappen dann am besten im Bereich zwischen den Wohnhäusern hinter dem Maurice-Ravel-Park.

● **Maurice-Ravel-Park, zwischen Marc-Chagall-Straße und Toulouser Allee, 40211 Düsseldorf**
● **ÖPNV: Straßenbahn 706, S-Bahn S1, S6, S11, Bus 725, Haltestelle Zoo S**

# Düsseldorfs Namensgeberin

**28** *Ein versteckter Zugang zum Flüsschen Düssel*

Düsseldorfs Namengeberin, der kleine Fluss Düssel, fließt teilweise unterirdisch, taucht aber an vielen prominenten Stellen der Landeshauptstadt auf: An der Königsallee ist die Düssel verziert mit Statuen und einer Baumallee, im Zoopark macht sie einen Abstecher durch einen See, in Gerresheim fließt sie durch ein Naturschutzgebiet, am Schwanenspiegel bekommt sie eine imposante Hintergrundkulisse mit dem ehemaligen Landtag, der heute das Museum K21 für moderne Kunst beherbergt. Nahe des Schwanenspiegels findet sich eine Stelle, wo die Düssel sich weitgehend unbeobachtet durchs Grün schlängelt und mitsamt einfacher Ufergestaltung einen grünen Glücksort mitten in der Stadt schafft. Friedlich, still und einsam.

Die Stelle ist nicht so leicht zu finden. Das K21 im Rücken geht es nach links aus dem Schwanenspiegelgelände hinaus auf die Wasserstraße. Kurz hinter dem CDU-Haus auf Höhe von Hausnummer 6 links abbiegen. Hier verbindet ein öffentlicher Privatweg die Wasserstraße und die Kavalleriestraße. Dieser Weg verbindet auch zwei Parteizentralen. Geradeaus geht es zum SPD-Sitz. Doch so weit wollen wir

**TIPP** *Das Kunstmuseum K21 ist nicht weit und zeigt Kunst des 21. Jahrhunderts.* gar nicht. Um an die Düssel zu gelangen, führen bereits nach ein paar Metern linker Hand Treppenstufen hinunter zu einem geschwungenen Weg entlang des kleinen Flusses.

Die letzte Parkbank hinten ansteuern – perfekt für ungestörte Minuten an einem grünen Rückzugsort. Hier hat der kleine Fluss fast schon seine mehr als 40 Kilometer von der Quelle im Bergischen Land hinter sich. Bevor die Düssel in der Altstadt auf Höhe des Burgplatzes unterirdisch in den großen Bruder Rhein mündet – den anderen Fluss, der Düsseldorfs Stadtbild prägt –, sorgt sie hier noch mal für ein Naturidyll mitten in der Stadt.

Und falls es unten direkt am Flussufer doch zu einsam sein sollte, auch oben am Weg stehen zwei Bänke mit schönem Ausblick.

---

▶ Zwischen Wasserstraße und Kavalleriestraße, 40213 Düsseldorf
▶ ÖPNV: Straßenbahn 706, 708, 709, U-Bahn U71, U72, U73, U83, Bus 726, SB 85,
Haltestelle Graf-Adolf-Platz

# Mystische Gesteine

**29** *Die Frauensteine im Aaper Wald*

Es sind nur ein paar Steine, aber besondere. Vielleicht. Sagenumwoben sind sie auf jeden Fall – die Frauensteine, im Volksmund auch Witte Wiewerkes genannt, was weiße oder weise Weiberchen bedeutet. Sie verwandeln die Anhöhe im Aaper Wald in einen mystischen Ort. Die Lichtung selber wirkt auf den ersten Blick recht unscheinbar. Blickt man jedoch hinter die urzeitlichen Gesteine mit ihren Geschichten, wandelt sich dieser Ort in den weiten Ausläufern des Aaper Waldes zu einem besonderen.

Die dreißig großen Steine liegen scheinbar wahllos verteilt auf der Lichtung, als ob ein Riese Boule gespielt hätte. Ein grün bemooster aufrechter Stein trägt die Inschrift „Frauensteine". So wurden die Felsbrocken benannt, da nach einer Legende sieben Frauen nach einem Richterspruch in Stein verwandelt wurden. Woher die anderen 23 Steine kommen, bleibt unklar. Vielleicht deswegen gibt es noch zwei andere Legenden. Nach der einen sollen weiß gekleidete Hohepriesterinnen bei heidnischen Opferfesten geweissagt und Zaubersprüche formuliert haben, bevor sie in Stein verwandelt wurden. Und noch eine andere beruft sich auf eine Hohepriesterin, die ihr schneeweißes Lieblingspferd auf einem Steinaltar opferte, um ein Hochwasser des Rheins zu bannen.

Für wen wissenschaftliche Erklärungen einfacher sind: Die Hügel des Aaper Waldes bestehen aus Meeressedimenten. Abgelagert wurden diese in der Braunkohlezeit vor etwa 35 Millionen Jahren. Das Meer zog sich zurück. Es blieb Festland mit Felsbrocken, denn durch chemische Prozesse in den oberen Bodenschichten hatte sich festes Gestein gebildet. So sind auch die Frauensteine uralt und vielleicht schon deswegen ein Ort der Kraft.

Für die einen ist die Steineansammlung ein Energieort mit eigenem Zauber. Sie spüren ein Kribbeln im Bauch oder nehmen den Urklang der Stille wahr. Andere sehen eher schöne Sitzmöglichkeiten zum Ausruhen nach der Waldwanderung. Ein Ziel mit besonderem Ambiente sind die Frauensteine auf jeden Fall – ob mit oder ohne Mystik.

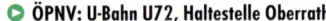

● Frauensteine im Aaper Wald, in der Nähe des Aaper Höhenweges, Zugang über Dachsbergweg, 40472 Düsseldorf
● ÖPNV: U-Bahn U72, Haltestelle Oberrath

# Schwebende Mutproben

**30** *Im Hochseilgarten Glückshormone hervorkitzeln*

Vertrauen und Überwindung braucht es am Startpunkt des Activity Parcours. Wo es hoch hinausgehen soll, zählen die Sicherungsgurte und der Schutzhelm ebenso viel wie der Mut, sich auf luftige Abenteuer einzulassen. Beim Rundgang im Hochseilgarten „querfeldein" am Unterbacher See ist nicht nur die Höhe eine Herausforderung, sondern auch die verschiedenen Geschicklichkeitsübungen, um in der Höhe voranzukommen. Denn von Stamm zu Stamm gelangt man auf verschiedenste Weise: mal sitzend auf einer wackligen Seilbahn, mal vorsichtig balancierend auf einem Seil, mal auf einem Skateboard, mal an einer Kletterwand entlang.

Meterhoch über dem Boden kann einem da schnell mulmig werden. Aber das Tolle ist: Man gewöhnt sich an den Schwebezustand. Irgendwann fällt der Abstand zum festen Grund weniger auf, irgendwann nimmt die Lust an der luftigen Höhe mit Ausblick auf den Unterbacher See überhand. Der Himmel über einem, das leichte Gefühl, in der Luft zu sein. Und zaghaft oder ganz plötzlich machen sich die Endorphine bemerkbar. Denn beim Ausprobieren merkt man, was alles geht. Was man alles kann. Was man sich traut. Und der Körper belohnt einen mit Glückshormonen.

Nach dem Parcour ist Zeit, den glückseligen Schwebezustand mit Kribbeln im Bauch nachwirken zu lassen. Wieder zurück auf dem Boden nimmt man von unten staunend die herausfordernden Hindernisse wahr. Wohlige Gewissheit stellt sich ein, dass die eigene Geschicklichkeit in Kombination mit sportlichem Einsatz und Vertrauen anfängliche Angst durchaus überwinden kann. Wenn dann noch Lust da ist auf weiteren Nervenkitzel, dann wartet die Riesenschaukel. Spätestens jetzt bekommen selbst hartgesottene Sportler ein Kribbeln im Bauch. Falls einem das alles zu viel und zu aufregend ist – beim Bogenschießen sind Konzentration und Aufmerksamkeit gefragt. Und an der frischen Luft findet auch das statt.

● Hochseilgarten querfeldein, Am Kleinforst 260, 40627 Düsseldorf, Tel. (02 11) 47 47 67 80
www.hochseilgarten-duesseldorf.de
● ÖPNV: Bus 891, Haltestelle Strandbad Süd

# Sanft & schnell

## 31 *Kanutour auf der Wupper*

Wenn man, ein Boot unter dem Arm, den kleinen Hügel hinuntergegangen ist und endlich im schaukelnden Kanu sitzt, dann taucht man in eine neue Welt ein. Eben noch an der Schnellstraße, jetzt auf sanft wiegendem Nass. Umgeben von dem zarten Grün der Bäume, die an dem Ufer der Wupper wachsen und ihre Äste weit übers Wasser ragen lassen. Äste, die einem ganz sicher noch auf dem abenteuerlichen Weg auf dem Fluss begegnen werden – die Sicht versperrend, die Frisur zerstörend oder dazu dienend, sich vom Ufer abzustoßen, wenn das Lenken doch nicht so geklappt hat, wie es anfangs extra noch mit dem Bootspartner ausgemacht worden war.

Die Tour auf der Wupper kann eine oder drei Stunden dauern, je nachdem, welche man sich aussucht – und wie es mit dem Lenken so klappt. Kanus können an verschiedenen Standorten entlang des Flusses gemietet werden. Es gibt auch geführte Touren oder solche mit Hund und passend dazu mit einem Hundeerzieher.

Im schnell schwankenden Kanu geht es auf die Reise durch stille Gewässer und rasante Stromschnellen, denn auch solche gibt es auf der Wupper. Mal sanft, mal schnell, der Fluss macht (fast), was er will. Doch etwas gegensteuern können wir ja. Unkontrollierte, hektische Lenkversuche sollten unterbleiben. Besser auch mal dem Wasserlauf vertrauen und zulassen, dass nicht alles sofort klappt beim ersten Versuch der Kanufahrt, an den Stromschnellen die plötzliche Beschleunigung genießen und die spritzenden Wellen einfach weglachen. An ruhigen Stellen lässt sich dann wunderbar der Blick vom Wasser auf die wechselnden Landstriche genießen.

Im Wettrennen mit den Fischen kommt schnell ein Gefühl auf, jedes Hindernis bezwingen zu können. Vielleicht gelingt es, das Vertrauen aufzubauen, dass ein Kanu nicht allzu schnell kippt. Unter Brücken hindurch, einfach mal die Augen schließen und sich treiben lassen.

························································································

**◐ Einstiegshilfen für Kanufahrer entlang des Flusses**
**www.wupperkanutouren.de, www.wupperkanu.de, www.wupper-kanuverleih.de**

# Glücksort für Zehntausende

## 32 *Wenn für Fortuna der Ball rund läuft*

100 mal 200 Meter sorgfältig gepflegter Rasen im Rechteck. Strahlendes Grün, gut gewässert auch im Hochsommer, keine gelben Einstiche. Zugegeben, die Wiese in der Merkur Spiel-Arena, dem Düsseldorfer Fußballstadion, ist nicht durchgängig ein grüner Glücksort. Etwa, wenn die heimische Mannschaft Fortuna Düsseldorf 1895 ihrem Namen keine Ehre macht, kein Glück im Spiel hat und verliert. Aber lassen wir diese Momente mal außen vor und konzentrieren uns auf die positiven Nebeneffekte beim Fußball, die das Stadion zum Ort für zahllose Glücksmomente werden lassen.

Es beginnt mit dem einen Schritt, der vom Umlauf ins Innere des Stadions führt. Mit diesem Augenblick, wenn zum ersten Mal das Stadion und seine Zehntausenden Besucher auf den unüberschaubaren Rängen ein großes Ganzes werden, wenn auch die sporadisch Fußballbegeisterten sich von der La-Ola-Welle mitreißen lassen und dieser kleine Ball dort unten in der Ferne auf dem grünen Spielfeld für die nächsten neunzig Minuten etwas Magisches ausstrahlt.

**TIPP** Beim Sonntagsbrunch im Stadionrestaurant Tulip Inn lässt sich der Blick aufs leere Rasengrün genießen.

Es setzt sich fort mit der Spannung beim Einlaufen der Mannschaften, den ersten Spielzügen, dem Mitfiebern bei Ecken, Einwürfen und Elfmetern und findet schließlich und hoffentlich kleine Höhepunkte beim nicht allzu seltenen Torjubel, bis das Spiel ein Ende findet, im Idealfall mit Torvorsprung für die Lieblingsmannschaft. Dann dringt der Jubel bis hinunter auf den Rasen, egal, ob von Rang 25 oder von Rang 5.

Fußball verbindet über soziale Unterschiede, Altersgrenzen und sonstige Interessendifferenzen hinweg. Das spielt für knapp zwei Stunden jetzt mal keine Rolle. Ob Heilpraktiker oder Hauptschüler, ob Rollstuhlfahrer oder Bodybuilder, ob Kleinkind mit Ohrstöpseln oder Ultrafan mit Tröte – Fußball eint die verschiedensten Gemüter. Fußball kennt keine Grenzen. Auch das ein Glück am Spielfeldrand.

● Merkur Spiel-Arena, Arena-Straße 1, 40474 Düsseldorf, www.f95.de
● ÖPNV: U-Bahn U78, Bus 896, Haltestelle Merkur Spiel-Arena/Messe Nord

# Geradeaus ins Glück

## 33 *Die Kastanienallee an der Rennbahn*

Im Frühling lockt die Blütenpracht, im Sommer der Schatten, im Herbst die Sammellust und im Winter die Stille. Der Jahreszeitenlauf spiegelt sich aufs Schönste wider beim Gang durch die Kastanienallee nahe der Rennbahn in Düsseldorf-Ludenberg. Einen knappen Kilometer geht es immer geradeaus, wie es sich für eine Allee gehört, entlang an 161 Kastanienbäumen. Esskastanien, um genau zu sein. In ihrer Baumpracht sind sie sogar zum Naturdenkmal erkoren worden.

Links der Kastanienallee liegen Spargelfelder. Rechts erstrecken sich ein Golfplatz und die Rennbahn, wo sich vor allem am Wochenende illustres Freizeitleben abspielt. Die Kastanienallee ist zu allen Jahreszeiten ein schöner Zugang zum Grafenberger Wald. Dieser erstreckt sich am Ende des geraden Weges in die Weite. Und gleichzeitig ist die Kastanienallee eine abwechslungsreiche Einstimmung, auch wenn sie nur aus einer Baumsorte besteht. Dafür sind die Bäume sehr unterschiedlich. Baumstämme, so dick, dass sie drei Menschen nicht umarmen können, stehen neben dünnen Bäumchen mit zarten Trieben. Jahre und Jahrzehnte zeigen sich in Rindenmaserungen, frische Lust am Leben bei den Jungpflanzen. Licht- und Schattenspiele ziehen sich entlang der Allee. An deren Ende stand früher ein Barockschloss, doch das wurde bereits Ende des 19. Jahrhunderts ersetzt durch ein Privathaus. Deswegen ist die Kastanienallee eigentlich auch ein Privatweg, doch öffentlich zugänglich ist sie auf jeden Fall.

**TIPP** In den Sommermonaten ist der Biergarten an der Rennbahn ein gutes Ziel.

Im Herbst, wenn die Kastanien reif sind und der Boden damit übersät ist, lohnt sich der Besuch für fleißige Sammler. Wenn Schädlinge und Sturmschäden den stattlichen Bäumen in der nächsten Zeit nicht allzu sehr zusetzen, können sie noch eine lange Zukunft vor sich haben. Immerhin kann ein Kastanienbaum bis zu tausend Jahre alt werden.

Kastanienallee, 40629 Düsseldorf
ÖPNV: U-Bahn U72, Bus 730, 733, Haltestelle Mörsenbroicher Weg

# So weit der Blick reicht

 **34** *Die Felder zwischen Hubbelrath und Gerresheim*

Ausblick, Auslauf, Auszeit. Drei wohltuende Aspekte während eines Ausflugs auf die Feldwege im Osten Düsseldorfs. Um genau zu sein, liegen sie am Ortsrand Gerresheims und ziehen sich bis an den Nachbarstadtteil Hubbelrath. Wem der weite Blick auf das Meer oder von der Bergspitze aus dem letzten Urlaub schon zu lange her ist, bekommt seinen Ausblick. Wer seinen Körper mal wieder in Bewegung spüren und wahrnehmen möchte, genießt den Auslauf. Und wer mal raus möchte aus dem Alltag und der Stadtumgebung, der findet hier inmitten der Getreidefelder eine wohltuende, kraftspendende Auszeit.

Angenehm einsam ist es hier. Dafür wimmelt es von Impressionen, die das Auftanken in der Natur erleichtern. Vorausgesetzt, die Achtsamkeit dafür bekommt ihren Raum. Die Mohnblume am Feldrand leuchtet in kräftigem Rot. Die Getreidehalme wiegen sich sanft in der Brise. Die Kühe auf der Weide strahlen Ruhe aus. Die Weite der Felder bedeutet für den allzu oft beengten Stadtblick erholsame Abwechslung.

Vielen Freizeitmenschen wird man hier nicht begegnen. Aber auch dieses Alleinsein kann wohltuend sein. Nur selten fährt ein Auto

 **TIPP** *Auch für Inlineskater sind die Feldwege bestens geeignet.* zum abgelegenen Gerresheimer Waldfriedhof oder zu einem der wenigen verteilten Häuser und Bauernhöfe. Gaststätten sucht man hier vergebens. Und das ist auch gut so.

Denn gerade die Ruhe und das Fehlen eines organisierten Freizeitangebots machen die Wegstrecken durch die Felder aus. Da freut man sich umso mehr, wenn mal eine Bank auftaucht, wo sich die Kraft des weiten Blicks noch weiter genießen lässt.

Ab und zu machen sich die Randhöhen des Niederbergischen Landes mit sanften Steigungen bemerkbar. Die asphaltierten Wege laden auch zum Radfahren ein. Orientierungspunkte sind der Rotthäuser- und der Papendeller Weg, eine Parkmöglichkeit besteht zum Beispiel am Gerresheimer Waldfriedhof.

⬤ Düsseldorf-Gerresheim, dem Dernbuschweg folgen, bis die Felder beginnen
⬤ ÖPNV: Bus 725, 733, 738, Haltestelle Schwarzbachstraße

 74

# Unter freiem Himmel

 **35** *Düsseldorfs schönstes Freibad in Lörick*

Es gibt sie, diese Sommertage, an denen der frühe Morgen schon erahnen lässt, dass die Hitze heute wieder unerträglich wird. Abkühlung in der Frühe erfrischt für den Rest des Tages. Das werden die zwei Dutzend Schwimmbegeisterten verinnerlichen, die in meditativer Ruhe ihre Bahnen ziehen, bevor der sommerliche Freibadtrubel beginnt.

Ein Besuch im Strandbad Lörick, kurz nachdem es um 6 Uhr geöffnet hat. Der sportliche Einsatz in der Frühe mag Überwindung kosten, aber er wird belohnt durch ein besonderes Freibaderlebnis. Es gibt solche, die sommers jeden Tag vor Arbeitsbeginn hierherkommen. Das Schwimmerbecken gehört den Mutigen, die sich auch von einer morgendlichen Außentemperatur unter 20 Grad nicht erschüttern lassen. Das 50-Meter-Becken wurde im Sommer 2018 erneuert und bietet acht Bahnen. Einmal angekommen im Wasser, ist das frühe Aufstehen schon wieder vergessen. Den Körper spüren, leichter im Nass, wacher werden in der Bewegung, die ganz eigene Stimmung im frühmorgendlichen Strandbad genießen. Jetzt ist der Tag noch jung, das Wasser erfrischend kühl, und Vogelzwitschern begleitet das Bahnenziehen.

**TIPP** *Der Freibadbesuch lässt sich wunderbar mit einer Radtour entlang des Deichs verbinden.*

Das Strandbad Lörick am Niederkasseler Deich besteht seit den 70er-Jahren und gilt als das schönste Freibad der Stadt. Dafür sorgen die Nähe zum Rhein, die 100.000 Quadratmeter Liegefläche mit zahlreichen Bäumen, die Vielzahl der Schwimmbecken, die Abgeschiedenheit von der Stadt.

Wenn die frühen Schwimmerinnen und Schwimmer beschwingt das Strandbad verlassen und sich auf das Frühstück freuen, wird es noch ein wenig dauern, bis der Run auf Abkühlung im Laufe des Tages zunimmt. Die ausladende Liegewiese mit den Schatten spendenden Bäumen wird erst zu späterer Stunde gefragt sein, ebenso wie Imbissbude und Kleinkinderplanschbecken. Eine weitere Besonderheit im Strandbad Lörick: Es gibt Liegestühle zum Ausleihen und außerdem etwas Sandstrand an einem Nebenarm des Rheins, der ins Freibad integriert ist.

▶ **Strandbad Lörick, Niederkasseler Deich 285, 40547 Düsseldorf, Tel. (02 11) 95 74 59 00**
**www.baeder-duesseldorf.de**
▶ **ÖPNV: Bus 833, Haltestelle Strandbad Lörick**

# Ruine mit Geschichte

 **36** *Die Kaiserpfalz am Rhein*

Ende des 12. Jahrhunderts ließ Kaiser Friedrich I. Barbarossa eine Vorgängerburg zur Kaiserpfalz ausbauen. Es entstand ein gigantisches Bauwerk direkt am Rhein. Zu dieser Zeit war es üblich, dass Herrscher auf dem Pferd durch ihr Land zogen und an verschiedenen Orten Station machten. Sie regierten nicht wie spätere Herrscher von einem Schloss in der Hauptstadt aus, sondern wechselten ihre Wohnorte. Die Überreste einer solchen burgähnlichen Palastanlage ist vor dem Stadtteil Kaiserswerth zu finden.

Stufen führen auf die Mauerreste, die an eindrucksvolle Zeiten erinnern. Von oben erstreckt sich eine schöne Aussicht auf den Rhein und den angrenzenden Stadtteil Kaiserswerth, der die Erinnerung an die kaiserliche Verbindung noch heute in seinem Namen trägt und der darauf verweist, dass die Burg früher auf einer Insel stand, denn „werth" bedeutet Insel. Der Rheinlauf hat sich verändert in den letzten Jahrhunderten, so blieb die Flussnähe der Kaiserpfalz, doch ohne Inseldasein.

Pflanzen und Gras haben sich ausgebreitet auf der Ruine. Die Natur wirkt stärker als die mehr als 4 Meter dicken Mauern. 1702 schon war die Burg im Zuge des Spanischen Erbfolgekrieges gesprengt worden, nachdem sie mehrfach angegriffen, teilweise zerstört und wieder aufgebaut worden war. Nach der Sprengung nutzten die Bürger von Kaiserswerth die Überbleibsel als Steinbruch. Anfang des 20. Jahrhunderts wurde das Augenmerk auf die Erhaltung der Ruine gelenkt, initiiert durch einen Förderverein.

**TIPP** *Die Kaiserpfalz ist geöffnet von Karfreitag bis Ende Oktober.*

Dieser bietet auch Führungen an. Dabei taucht man noch tiefer ein in die Geschichte der Ruine und ihrer kaiserlichen Vergangenheit. Zum Abschluss empfiehlt sich ein Abstecher in den benachbarten Biergarten „Galerie Burghof". Er ist direkt neben der Kaiserpfalz gelegen, hat Holzgarnituren aus echten Baumstämmen, schattige Plätze unter Kastanien und natürlich ebenfalls einen urlaubswürdigen Rheinblick.

Kaiserpfalz, Burgallee, 40489 Düsseldorf, Tel. (02 11) 22 97 20 77
www.kaiserpfalz-kaiserswerth.de
ÖPNV: U-Bahn U79, Haltestelle Kittelbachstraße oder Klemensplatz, Bus 728, 749, 760, Haltestelle Kaiserpfalz

# Naturnahe Ausstellungsorte

**37** *Kunst auf der Insel Hombroich entdecken*

Dieses Museum ist anders als andere. Junge Gänse sitzen im Schatten einer Skulptur, Kunstwerke tauchen hinter einer Wegbiegung auf, eine Lichtung öffnet sich und eine mehrteilige Installation erscheint. Verteilt in einer Park- und Auenlandschaft, die von dem Flüsschen Erft begrenzt ist, kann man Kunst inmitten von Natur entdecken und erleben.

Nahe der Stadt Neuss wurden ein verwilderter Park sowie angrenzendes Ackerland zu einem ganz besonderen Ausstellungsort gestaltet. „Kunst parallel zur Natur" – das ist das Motto des Museums Insel Hombroich. Neben den Skulpturen im Freien fügen sich architektonisch schlichte und jeder auf seine Art eindrucksvolle Ausstellungsräume in die Landschaft. Zehn hohe Backsteingebäude verteilen sich auf dem Gelände. Ihre Namen wie Turm, Schnecke und Labyrinth verweisen auf ihre Bauweise, die sie zu begehbare Skulpturen macht. Gezeigt werden wechselnde Ausstellungen, ein Großteil der Kunstwerke zählt zu einer festen Sammlung. Ein einfacher Wegeplan hilft beim Erkunden dieser Kunst-Natur-Symbiose. Die Wege sind mit Absicht nicht ausgeschildert, ebenso kommen die Kunstwerke ohne Titel, Jahreszahlen und Namen aus.

**TIPP** Jeweils am 1. Sonntag im Monat finden öffentliche Führungen statt. Die Kunst soll für sich wirken, Kunst und Natur sollen sinnlich erfahrbar werden ohne didaktische Eingriffe.

Das 1987 eröffnete Museum Insel Hombroich umfasst ein Landschaftsschutzareal von 21 Hektar. Die Museumsinsel schafft gemeinsam mit den weiteren Ausstellungsorten Raketenstation Neuss und dem Kirkeby-Feld einen ganz besonderen Kulturraum im Neusser Umfeld. Dieser wurde erweitert durch die Langen Foundation, die Skulpturenhalle Neuss sowie das Feld-Haus zu einem ambitionierten Artprojekt, das in den vergangenen Jahren immer weiter ausgebaut wurde. Moderne Kunst, verteilt auf nahe beieinanderliegende und dennoch eigenständige, durchaus ungewöhnliche Standorte mit besonderem Ausstellungscharakter.

▶ **Museum Insel Hombroich, Minkel 2, 41472 Neuss, Tel. (0 21 82) 8 87 40 00**
**www.inselhombroich.de**
▶ **ÖPNV: Bus 869, 877, Haltestelle Neuss/Gut Hombroich**

# Mit Ollie unterwegs

 **Deutschlands größter Skatepark in Eller**

Sportlich, jung, cool, geschickt, wendig – Attribute für Skater und BMX-ler gibt es viele. Aber auch wenn keine dieser Vorgaben erfüllt ist, kann der Skatepark in Eller zum Glücksort werden. Denn Zugucken macht auch Spaß. Mitfiebern bei den Kunststücken per Skateboard oder BMX-Rad, lässig ausgeführt von ebenjenen, auf die die oben genannten Attribute zutreffen und die den Skatepark Eller als zweite Heimat betrachten, seitdem er nach langer Planungs- und Bauphase im Sommer 2018 endlich eröffnet wurde.

Viel Beton macht diesen Glücksort im Freien aus. Die „Bowl", eine riesige betonierte Schale im Boden, lockt BMXler wie Skater. Ansonsten Rampen, Steigungen, Abfahrten, Hindernisse im Überfluss. Es gibt eine spezielle Kids Area und auch in den anderen Bereichen können sich Skaterinnen und Skater an unterschiedlichen Schwierigkeitslevel ausprobieren. Ob alleine oder in der Gruppe, ob Kleinkind oder Erwachsener – der Skate-park Eller, der größte Deutschlands, ist für viele zum Anziehungspunkt im Süden der Stadt geworden.

**TIPP**

**Wer Durst hat:** Es gibt einen Trink-wasserbrunnen.

Zwischen 12 und 20 Uhr findet eine pädagogische Be-treuung statt, organisiert vom Stadtsportbund Düsseldorf. Das heißt, Tricks wie den „Ollie" muss man sich nicht nur abgucken, sondern bekommt sie auch erklärt, sodass Sprungtechniken schneller klappen. Hügel runtersausen, den Fahrtwind spüren, über Hindernisse springen oder auf Kanten gleiten – wer sich schon etwas besser auf dem Skateboard halten kann, bekommt auf der knapp 4.000 Quadratmeter großen Fläche viel Abwechslung geboten und kann sich in Lines ausprobieren. Und irgendwann ist dann auch die Zeit gekommen für die Halfpipe, die halbe, oben offene Röhre, auf der sich noch mehr Tricks ausprobieren lassen. Und wie gesagt: Zu-schauen macht auch Spaß. Besonders viel geboten bekommen Zuschauer bei Events und Meisterschaften, die regelmäßig hier ausgetragen werden. So findet die Deutsche Skateboard Meisterschaft hier statt mit den besten Skatern Deutschlands und einem großen Rahmenprogramm.

---

**▶ Skatepark Eller, Heidelbergerstraße 14, 40229 Düsseldorf, Tel. (01 73) 2 89 76 23**
**www.facebook.com/pg/Skatepark-Eller**
**▶ ÖPNV: Straßenbahn 705, U-Bahn U75, Bus 722, 730, 731, 732, 735, Haltestelle Vennhauser Allee**

# Mit Weitblick

## 39 *Auf dem Aussichtsturm am Elbsee*

Auf schmucklosem Gitterwerk geht es nach oben. Ein wenig Zeit sollte man mitbringen. Nicht nur schnell die Stufen erklimmen, einen Rundblick werfen und gleich weiterziehen. Besser etwas länger verweilen. Dann erschließt sich von hier oben die Schönheit der Umgebung. Von dem 7,5 Meter hohen Aussichtsturm am Südufer des Elbsees öffnet sich die Weite des umliegenden Naturschutzgebietes in Düsseldorf-Unterbach an der Grenze zu Hilden.

Vielleicht ziehen Gänseküken ihre zaghaften Bahnen auf dem Wasser, probieren das Fortbewegen und das Leben aus. Vielleicht geht die Sonne im Farbenwunder unter. Magische Momente, die wir im Meeresurlaub suchen und zu Hause oft vergessen. Vielleicht landet ein Zugvogelschwarm am Ufer – Tausende Kilometer hinter sich und die Ruhe des Winters vor sich.

Der Aussichtsturm am Elbsee wurde 1998 aufgestellt, um das Naturschutzgebiet rund um den durch Auskiesung entstandenen Baggersee zu schützen und gleichzeitig interessierten Beobachtern Einblicke in die artenreiche Flora und Fauna zu ermöglichen. Große Teile des Seeufers sind aus Naturschutzgründen offiziell nicht zugänglich. Denn nicht nur die Ufer und die nahe Umgebung des Elbsees sollen geschützt werden vor störenden menschlichen Einflüssen, auch der See selbst. Das heißt: Baden ist verboten. Gespeist allein durch Grundwasser hat sich in dem 89 Hektar großen See mit kalkreichem, nährstoffarmem Wasser ein Biotop gebildet. Hier wachsen Pflanzen, deren Namen märchenhaft klingen: Armleuchteralge, Dunkle Glanzleuchteralge und Glänzendes Laichkraut versprechen geheimnisvolle Unterwasserwelten.

Nach dem Aussichtsturm ist vor dem Spaziergang. Vereinzelte Spazierwege finden sich in der Umgebung des Sees. Oder man kombiniert die Fahrt an den Elbsee mit einem Besuch im Vabali Spa. Dahinter verbirgt sich ein exklusives Wellnesscenter. Es entstand 2017 am nordöstlichen Seeufer. Auch von hier ist der Seeblick reizvoll. Doch Baden ist allein in den Wellnessbecken erlaubt, nicht im See.

· · · · · · · · · · · · · · · · · · · · · · · · · · · · · · · · · · · · · · · · · · · · · · · · · · · · · · · · · · · · · · · · · · · · · ·

🟢 Elbsee, Parkplatz Schalbruch 171, 40721 Hilden, der Weg Richtung See liegt rechter Hand vom Aussichtsturm
🟢 ÖPNV: Bus O3, Haltestelle Schalbruch, Bus 785, Haltestelle Westring, Bus 781, 782, Haltestelle Grünewald

# Vogelzwitschern statt Verkehr

 *Naturschutzgebiet Pillebachtal bei Gerresheim*

Felder, Wald und Wiesen erstrecken sich hinter dem Stadtteil Gerresheim und versetzen einen schnell in ein angenehmes Freizeitgefühl. Nah am Rande Düsseldorfs und doch fernab von Stadtgrundrauschen, enger Bebauung und Cityluft. Im Pillebachtal stellt sich die Erholung spätestens dann ein, wenn man in den bewaldeten Bereich kommt, wo sich das Bächlein mit dem ungewöhnlichen Namen entlang des Weges schlängelt. Dass es das in einem natürlichen Lauf darf, hat es der EU-Wasserrahmenrichtlinie zu verdanken. Noch vor wenigen Jahren gab eine Einbetonierung seinen geraden Weg vor. Nach aufwendigen Umbaumaßnahmen hat der Pillebach hier im Naturschutzgebiet seinen ökologischen Charakter zurück, und das tut dem gesamten nach ihm benannten Tal gut.

Der Pillebach ist klein, sehr klein und macht damit seinem Namen alle Ehre. Dieser erinnert an „Pillepalle", den umgangssprachlichen Ausdruck für Kleinkram oder Unwichtiges. Besonders in den Sommermonaten oder generell, wenn es wenig regnet, ist die Wassermenge des Pillebachs tatsächlich verschwindend gering. Aber unwichtig wird er dadurch noch lange nicht, dafür sorgt die ihn umgebende Natur.

**TIPP** *Im Stadtteil dem Bachverlauf folgen – der Pillebach prägt auch Gerresheim.*

Wer wandern mag auf kurzer Strecke oder einen ausgiebigen Spaziergang machen möchte, ist hier genau richtig. Etwa eine Stunde dauert der kleine Rundweg im Spaziermodus, inklusive Pferde auf der Weide beobachten und kurzer Rast auf einer Bank. Der Rundweg eignet sich aber natürlich auch für eine schnellere Gangart, zum Walken oder als Joggingstrecke. Beliebt ist er auch zum Hundeausführen. Die Natur hier tut allen gut. Die Luft ist klarer, das Grün beruhigt die Nerven, das Blätterrauschen geht mit dem Vogelzwitschern ein zartes Duett ein.

Und wer mehr möchte, nimmt die große Runde bis hoch in den Aaper Wald zum Segelflugplatz. Informationen zum 10 Kilometer langen Streckenverlauf gibt es am Eingang zum Pillebachtal auf einer Infotafel.

---

Pillebachtal, Start Ecke Ratinger Weg/Kleineforstweg, 40629 Düsseldorf
ÖPNV: Straßenbahn 709, U-Bahn U83, Bus 725, 733, 781, Haltestelle Gerresheim, Krankenhaus

# Der Frühling kommt

## 41 *Millionen Krokusblüten bilden das blaue Band*

„Frühling lässt sein blaues Band wieder flattern durch die Lüfte." Auch wer vielleicht von Eduard Friedrich Mörike, dem deutschen Lyriker vom Beginn des 19. Jahrhunderts, das letzte Mal in der Schule gehört hat, das wohl bekannteste Frühlingsgedicht „Er ist's" stammt von ihm. Der Dichter Mörike dachte an Veilchen, als er 1829 mit Frühlingsimpressionen rund um das blaue Band spielte. Hätte er zwei Jahrhunderte später in Düsseldorf gelebt, wären vielleicht Krokusse seine favorisierten Frühlingsboten gewesen.

Jedes Jahr im Vorfrühling spannt sich ein blaues Band in verschiedensten blauen und violetten Schattierungen über die Wiesen im Golzheimer Rheinpark. Bei den ersten wärmer werdenden Sonnenstrahlen recken jungfräuliche Knospen ihre Köpfe durch die noch harte Wintererde. Sie vermitteln ein Gefühl bevorstehender Wärme und verwandeln die Wiese des Rheinparks für ein paar Wochen in ein Blütenmeer. Unzählbar viele sind es.

Parallel zur Cecilienallee wurden 2008 erstmals Krokuszwiebeln gesetzt, und zwar rund fünf Millionen. Die Tage des imposanten Blüteereignisses im Februar und März sind gezählt. Doch gewiss ist: Nächstes Jahr werden sie wiederkommen. Diese zarten Blumen, die das Winterende einläuten wie der erste Kaffee im Freien ohne Heizpilz.

Das blaue Band am Rhein hat längst Verlängerung bekommen. Weitere Hunderttausende Krokuszwiebeln wurden in den vergangenen Jahren an der Kaiserpfalz in Kaiserswerth, an der Rotterdamer Straße Richtung Messe sowie im Hofgarten gepflanzt. So sind mittlerweile rund zehn Millionen Krokusse eine beeindruckende Zahl für das Düsseldorfer Stadtbild. Dabei bleibt jede einzelne Blume für sich ein kleines Naturwunder, wie sie jedes Jahr aufs Neue Kraft aus der Zwiebel holt, sich nach oben durch die Erde reckt und den Frühling ankündigt.

---

◉ Rheinpark zwischen Cecilienallee und Robert-Lehr-Ufer, 40474 Düsseldorf
◉ ÖPNV: U-Bahn U78, U79, Haltestelle Golzheimer Platz

# Lernort Wald

 **Der Wildpark im Grafenberger Wald**

Der Wildpark im Grafenberger Wald gehört auf die Freizeit-To-do-Liste jeder Düsseldorfer Familie. Ähnlich wie beim Kinderbauernhof im Südpark, wo kleine Stadtkinder oft erstmals in Kontakt zu Bauernhoftieren wie Schafen, Schweinen, Gänsen und Eseln kommen, geht es im Wildpark darum, die Tiere des Waldes kennenzulernen. Hautnah und mit Erklärungen. 365 Tage im Jahr. Mit kostenlosem Eintritt.

Wie der Hirsch entspannt auf der Wiese liegt, majestätisch den Kopf langsam von links nach rechts dreht und sich wenig bis gar nicht von den Besuchern hinter dem Zaun ablenken lässt, beindruckt nicht nur Kleinkinder. Auf dem Beobachtungsposten für Frischlinge – einer Bank oberhalb des Wildschweingeheges – finden sich oft auch ältere Waldbesucher. Immer wieder herrscht Staunen darüber, dass aus niedlichen, flinken Wildschweinkindern irgendwann beachtliche Muttertiere und wuchtige Keiler werden, denen man lieber nicht alleine im Wald begegnen würde.

TIPP **In der neu eröffneten Waldschule lässt sich mehr über den Wald und seine Bewohner erfahren.**

Der Wildpark widmet sich seit rund siebzig Jahren dem etwas anderen Waldspaziergang mit Tierkontakt und Informationen über ebendiese. Dabei werden die Tiere nicht wie in einem Zoo den Besuchern präsentiert, sondern entscheiden selbst, wie und wann sie sich zeigen oder den Menschen nähern. Dafür sorgen weitläufige, naturnah gestaltete Gehege. Begehbar ist das Damwildgehege. Hier kann man den Rehen sogar noch näher kommen – der trennende Zaun fällt weg –, sie füttern und vielleicht sogar streicheln. Insgesamt rund hundert Tiere leben in dem Wildgehege im Grafenberger Wald. Neben Rehen und Hirschen unter anderem auch Marder, Waschbären, Iltisse, Füchse, Fasane, Rebhühner und Mufflons, gehörnte Wildschafe.

Ein schön gestalteter Spielplatz findet sich auf einer Lichtung im Zentrum des Wildparks. Hier kann der Wildparkbesuch mit Kindern auf Schaukel, Rutsche und Co. ausklingen.

**Wildpark Grafenberger Wald, Rennbahnstraße 60, 40629 Düsseldorf**
**www.wildpark-duesseldorf.de**
**ÖPNV: Straßenbahn 709, U-Bahn U73, U83, Haltestelle Auf der Hardt/LVR-Klinikum**

# Industriecharme am Fluss

### 43 *Die schönen Seiten am Heerdter Rheinufer*

„Weißt du noch, wie wir barfuß über die Stoppelfelder liefen an den Abenden im Sommerurlaub in Südtirol? Lass uns noch einmal die Mutprobe aus Kindertagen ausprobieren." Sentimentale Erinnerungen kommen auf beim Anblick der frisch gemähten Wiese am Rheinufer in Heerdt. Das Heu liegt gebündelt in überdimensionierten Rechtecken, die Grasüberreste piksen. Ideale Voraussetzung für Gefühlsgewitter an den Fußsohlen. Oder doch lieber sich einfach ausstrecken auf einem der Heuballen? Die Abendsonne im Gesicht spüren und dabei die Sonne ins Herz lassen. Den verführerisch frischen Geruch der gemähten Wiese in der Nase auskosten. Manchmal kann man Glück riechen.

Der Heerdter Rheinpark unterhalb der Anlage der Bezirkssportanlage des Fußballvereins CfR Links erstreckt sich über knapp 3 Hektar von der Schön Klinik, dem ehemaligen Domenikuskrankenhaus, bis hin zur Rheinkniebrücke. Eine ausladende Wiesenfläche auf der linksrheinischen Seite. Im Süden schließt die öffentliche Grünfläche unmittelbar an die Rheinauen an. So gibt es neben dem bekannteren und älteren Rheinpark im rechtsrheinisch gelegenen Golzheim auch einen links-

**TIPP**

*Oberhalb des Rheinparks gibt es die Boulehalle des Vereins Düsseldorf sur place.*

rheinischen Rheinpark. 1961 wurde er eingerichtet und gestaltet. Am oberen Eingang findet man einen Spielplatz nahe dem Krankenhaus, eine Hundewiese und etliche Parkbänke.

Ein schmaler Weg in Ufernähe lockt jeden Abend Hundeausführende, Jogger und Spaziergänger. Wahlweise bietet sich der breitere Weg oben auf dem Deich auch fürs Radfahren oder zum Skaten an. Doch hier ist man nicht so nah dran am Fluss, am beständigen, gemächlichen Weiterkommen des Wassers, an der Weite des Rheins. Kähne mit schwerer Last ziehen langsam vorbei.

Der Tag neigt sich, der Atem wird ruhiger. Vom linksrheinischen Rheinpark aus hat man einen schönen Blick auf den Düsseldorfer Hafen und den Rheinturm, aber auch Fabrikgebäude in Sichtnähe lassen sich nicht ausblenden. Sie stören aber nicht, werten die Natur eher noch auf.

⚫ Pariser Straße/Am Heerdter Krankenhaus, 40549 Düsseldorf
⚫ ÖPNV: U75, Bus 833, 862, Haltestelle Heerdter Krankenhaus

# Wandern in der Weite

## 44 Ausflug ins Bergische Land

Die Zeit vergessen. Die Gedanken loslassen. Den Körper spüren. Die Natur atmen. Wandern macht glücklich.

Eine schöne Möglichkeit, dies und sich selbst auszuprobieren, sind die Wanderwege bei Düsseldorf-Hubbelrath und rund um die angrenzende Kleinstadt Mettmann. Die Ausläufer des Bergischen Landes machen sich mit leichten Hügeln bemerkbar, eine gewisse Grundkondition ist daher nicht schlecht. Wir starten an der Bergischen Landstraße. Auf Höhe der Hausnummer 618 geht es gegenüber hinein in die Felder. Eine Panoramahügelkuppe erstreckt sich in die Weite, es geht zum Schrieversweg, durch das Schwarzbachtal, entlang eines Golfclubs und zurück zum Startpunkt. In seiner Gesamtlänge ist der knapp 12 Kilometer lange Rundweg in etwa drei Stunden zu bewältigen. Wobei dies schon wieder ein zu aktionistisches Wort wäre. Es passt, wenn man Wandern nur aus sportlichem Ehrgeiz heraus betrachtet. Aber Wandern ist mehr.

Es lohnt sich, die Augen und den Geist zu öffnen und den Sinnen Urlaub zu gönnen. Was ist hinter der nächsten Wegbiegung? Was tut sich nach der nächsten Steigung auf? Schritt für Schritt die Monotonie des Gehens akzeptieren. Dabei in seinen eigenen Rhythmus kommen. Auf und ab geht der Wanderweg durch eine weite Feldlandschaft. Im Schwarzbachtal werden die Bäume mehr. Die Stille am Waldesrand streichelt die Seele. Spätestens hier geraten Stress und Alltag in Vergessenheit. Die Beine sind vielleicht schon etwas müde, dafür die Gedanken angenehm entschleunigt.

**TIPP** Gérards Wein-Markt am Startpunkt der Wanderung hat eine schöne Auswahl.

Wen die Lust aufs Wandern gepackt hat, kann sich auf längere Strecken und weitere Möglichkeiten im Bergischen Land freuen. 260 Kilometer lang ist der „Bergische Weg", und der „Bergische Panoramasteig" hat eine Gesamtlänge von insgesamt 244 Kilometern. Etappenweise lässt sich die heimische Umgebung erkunden, oder man plant den nächsten Urlaub als Wanderevent.

Wanderung Schrieversweg, Bergische Landstraße 618, 40629 Düsseldorf
www.bergisches-wanderland.de
ÖPNV: Bus 733, 738, Haltestelle Hubbelrath

94

# Angermunder Adel

## 45 *Unterwegs im Schlosspark Heltorf*

Durch ein schweres Tor geht es hinein in den Park. Kühlere Luft empfängt den Besucher. Das Zirpen der Grillen links und rechts der Pfade durch den waldähnlichen Park lässt innerlich Urlaubsgefühle aufsteigen. Doch wie überall auf der Welt verstecken sie sich auch an diesem friedlichen und einsamen Ort in den hohen Gräsern des Parks. Aber man spürt die Grillen ganz nah. In etwa wie ein Schulkind, das Verstecken spielt und doch hofft, entdeckt zu werden.

Der Schlosspark Heltorf ist das Werk des Düsseldorfer Landschaftsarchitekten Maximilian Friedrich Weyhe. Anfang des 19. Jahrhunderts befasste sich Weyhe mit der Ausgestaltung des Parkgeländes, das bereits 1796 durch Abbé Biarelle begonnen worden war. Die Familie um Graf und Gräfin von Spee kümmert sich noch heute gemeinsam mit Mitarbeitern um den „Dicken Busch", wie Park Heltorf nicht ganz adelskonform in der Umgangssprache genannt wird. Seit sieben Generationen ist das Anwesen in Adelshand. Der Waldpark mit seinen 54 Hektar ist öffentlich zugänglich, jedoch nur am Wochenende und an Feiertagen. Das dazugehörige Schloss Angermund ist es nicht. So befindet sich auch der Eingang zum Park auf einer ganz anderen Seite des Parks. Das Wasserschloss liegt am Rande des Geländes und ist eher von außen, vom südlichen Angermund aus einzusehen.

Das Zirpen der Grillen weist uns den Weg durch die Weiten des Parks. Vielleicht kommt man am Schlossweiher vorbei, auf jeden Fall an einer der zahlreichen kleinen Lichtungen. Denn wenn das Zirpen der Grillen anhebt, dann weiß man, dass in diesem Moment das Grün einer Lichtung weicht. Eine helle und verborgene Lichtung, in dessen Mitte ein Baum leuchtet. Bäume gibt es viele hier, aber manchmal spricht uns einer besonders an. Dieser zum Beispiel. Kein Riese mit ausladenden Ästen und meterhohem Stamm, dennoch mit starker Ausstrahlung. Als wäre dieser Baum der einzige auf der Welt, zieht diese Kraft einen in seinen Bann.

🔵 Park Heltorf, Eingang Am Froschenteich 18-22, 40489 Düsseldorf
🔵 ÖPNV: U79, Haltestelle Froschenteich

# Ohne Chlor und Chemie

## 46 *Ökoschwimmen im Naturfreibad Mettmann*

Zugegeben, für Warmbader ist das Naturfreibad Mettmann kein Glücksort. Aber für diejenigen, die die Kühle des Atlantiks im Hochsommer lieben oder sich gern erinnern an Badeabenteuer im klaren Gebirgsfluss, als die Kanufahrt mit umgekipptem Boot endete, ist dieses besondere Freibad in Mettmanns Stadtwald der richtige Ort.

Das Wasser schimmert grünlich. Ungewöhnlich für ein Freibad. Aber das Naturfreibad ist auch kein gewöhnliches Schwimmbad. Das schimmernde Grün kommt von mikroskopisch kleinen Algen. Chlor und Chemie findet man hier nicht. Das Bad wurde nach ökologischen Gesichtspunkten konzipiert und löste nach der Neugestaltung 2004 ein altes Freibad ab. Damit das Schwimmbadwasser dennoch sauber ist, wird es über eine ausgeklügelte Wasserreinigung auf biologischer Basis gefiltert. Pumpen leiten es in fünf Filtrationsbecken. In diesen übernehmen speziell geschichtete Wasserpflanzen die Reinigung. In den flach angelegten Becken holt sich das Schwimmbadwasser auch ein wenig Wärme von der Sonne, aber das ist dann auch alles an Beheizung.

Daher sollte man sich für den Besuch des Naturfreibads einen dieser richtig heißen Sommertage, an denen man nach Erfrischung lechzt, aussuchen. Etwas Überwindung kostet der Einstieg ins Becken, aber dann wird man belohnt mit einem besonderen Badeerlebnis. Wem die 20 Grad Wassertemperatur auf Dauer zu kühl sind, sucht sich einen Platz auf der großzügigen Liegewiese oder einen Strandkorb an der Flachwasserzone. Spätestens hier kommt Urlaubsfeeling auf, wenn die Füße warmen Sand spüren und der strohbedeckte Sonnenschirm an die Strandbar aus dem letzten Inselurlaub erinnert. Hier ist das flache Wasser gleich schon ein wenig wärmer.

Mit Pflanzen bewachsene Sprungtürme in Felsenoptik und eine kurvenreiche Rutsche sorgen für sportliche Abwechslung. Nach einigen Stunden oder nach einer Kurzvisite im Ökobad geht es erfrischt und erholt wieder nach Hause.

................................................................

◯ **Naturfreibad am Stadtwald, Im Stadtwald 1, 40822 Mettmann, Tel. (0 21 04) 23 49 36**
**www.mettmann.de/naturfreibad**
◯ **ÖPNV: Bus 742, 745, 746, 749, O13, S-Bahn S28, Haltestelle Mettmann-Stadtwald S, 15 Minuten**
**Fußweg, Bus O11, Haltestelle Goldberger Mühle oder Toni-Turek-Allee**

# Summertime im Volksgarten

 *Parkleben in Düsseldorfs Süden*

Ein Sommerabend im Volksgarten – ein Mix aus Tanzen und Lachen, tiefsinnigem Gespräch und Romantik, Sport und meditativer Ruhe, je nachdem an welcher Ecke und mit wem der Volksgarten angesteuert wird. Die Laternen der Gasthäuser spiegeln sich auf der Oberfläche des Sees. Abgebrochene Äste formen insektenartige Schatten auf dem Wasser. Sitzbänke auf einer kleinen Halbinsel laden zum Chillen mit Seeblick ein. In naher Ferne sind schemenhaft hinter den Fenstern Tänzerinnen und Tänzer zu sehen. Es ist nicht die einzige Hochzeitsgesellschaft an diesem Abend. Im „Bootshaus" und im „Kurhaus", den benachbarten Lokalitäten am westlichen Ufer des Volksgartensees, wird heute Abend die Liebe und das Leben gefeiert.

Ohne Einladung trifft man sich hinter der „Florabar". Einmal im Monat organsiert das etwas andere Kiosk am Eingang an der Emmastraße ein kleines Event mit cooler Dance-Musik. Am Büdchen gibt es leckeren Kuchen und kühles Bier. Im hinteren Bereich legt ein DJ im Freien auf – Tanzen unterm Sternenhimmel. Meetingpoint für Junggebliebene.

 **TIPP** Tolles Ambiente, frischen Fisch und Meeresfrüchte gibt es im Restaurant „emmafisch".

Andere betätigen sich sportlich. Im dunkler werdenden Abend probieren sie sich auf der zwischen Bäumen gespannten Slackline aus. Oder sie joggen eine letzte Runde um den See. Auch Yogabegeisterte treffen sich im Volksgarten, denn hier gibt es auch ruhige, für meditative Bewegung geeignete Ecken.

Der Volksgarten ist eine Parkanlage aus dem späten 19. Jahrhundert im Süden der Stadt. Parkromantik sollte im Zuge der Industrialisierung für grünen Ausgleich sorgen und das umliegende urbane Gründerzeitviertel aufwerten. Seit der Bundesgartenschau ist der Volksgarten in den Südpark integriert. 1987 fand das grüne Event in Düsseldorf statt und bescherte allen zentralen Parkanlagen eine Rundumerfrischung, von der wir heute noch profitieren. Der Südpark, der sich südöstlich an den Volksgarten anschmiegt, wurde auf Brachland neu angelegt. Gemeinsam bilden sie Düsseldorfs größte Grünfläche in Parkform.

● Volksgarten, zwischen Volksgartenstraße, Leersenstraße und Stoffeler Kapellenweg, 40227 Düsseldorf
● ÖPNV: S-Bahn S1, S6, S68, Straßenbahn 706, Haltestelle Volksgarten S

# Baumriesen in Himmelgeist

 **48** *Naturdenkmal Libanonzedern*

Schon von Weitem fallen die beiden riesigen Bäume auf. Sie stehen am Rand des Kölner Weges, kurz hinter dem Parkplatz an der Nikolausstraße. Auf dem Spazierweg in den Himmelgeister Rheinbogen kommt man an ihnen vorbei. Zwischenstopp unter Baumriesen. Sich klein fühlen, demütig werden angesichts dieser Naturkraft. 5 Meter umfasst ein Baumstamm. Die nah beieinanderliegenden Baumkronen scheinen den Himmel zu berühren, und die waagerecht wachsenden Äste bieten ausladenden Schutz in die Breite. Ein Zwischenstopp, um Kraft zu tanken unter dem grünen Blätterdach.

Bei den beiden Baumriesen handelt es sich um Libanonzedern. Neben den sonst in der Umgebung vorherrschenden Buchen und Platanen stellen sie eine exotische Baumart dar. Libanonzedern sind ursprünglich an der östlichen Mittelmeerküste beheimatet. Mitte des 17. Jahrhunderts wurden sie nach Europa eingeführt. Starke Verästelungen und dichtes Nadelwerk der hochgelegenen Kronen bestimmen das beeindruckende Erscheinungsbild der beiden Bäume. In enger Nachbarschaft stehen sie beieinander. Immergrün sind sie auch im Winter eine imposante Erscheinung.

**TIPP** *Folgt man dem Kölner Weg weiter, gelangt man zur Himmelgeister Kastanie.*

Ihr Alter ist nicht genau zu bestimmen. Eine Tafel verweist auf ein Pflanzdatum im Jahr 1740, doch ob die Bäume wirklich schon so alt sind, ist schwer zu sagen. Andere Stimmen schätzen, dass sie erst im Zuge der Parkgestaltung des in der Nähe liegenden Schlosses Mickeln Mitte des 19. Jahrhunderts gepflanzt wurden und damit mehr als 150 Jahre alt sind. Auch das wäre ein beträchtliches Alter für einen Stadtbaum. Libanonzedern lieben viel Sonne, in Himmelgeist scheint es auszureichen für eine gute Entwicklung.

Auch Bäume können zum Denkmal erkoren werden. Bei den beiden Libanonzedern am Kölner Weg war dies der Fall. Sie stehen nun unter besonderem Schutz als Naturdenkmal.

---

**Kölner Weg, 200 Meter südlich von Schloss Mickeln, 40589 Düsseldorf**
**ÖPNV: Bus 835, Haltestelle Alt Himmelgeist**

# Kaffee mit Flussblick

 **Stadtstrand an der Theodor-Heuss-Brücke**

Dieser grüne Glücksort ist zeitlich begrenzt auf die warmen Tage des Jahres. Bei Sonnenschein, besonders wenn der eigene Balkon oder Garten fehlt und die Sehnsucht danach, draußen zu sein, uns aus der Wohnung lockt, ist Zeit für den Stadtstrand. Es gibt mittlerweile drei Standorte in Düsseldorf: auf Höhe des Museums KIT Richtung Rheinkniebrücke, an der Oberkasseler Brücke und an der Theodor-Heuss-Brücke. Letzterer ist am schönsten. Er liegt etwas abseits der Stadt, die Umgebung ist nicht so überfüllt wie an den anderen Brücken, und der Blick geht ins Grüne am gegenüberliegenden Ufer ohne Bebauung.

Kaffee oder Weißwein? Beides schmeckt mit Rheinblick besser. Dann kann man sich im Liegestuhl zurücklehnen, die Beine ausstrecken, dem Fluss und seinem langsamen Treiben zusehen oder sich nett unterhalten mit dem Lieblingsmenschen. Oder ein Buch oder eine Zeitung mitbringen. Den Sommertag bei einer Auszeit am Strand genießen.

Eine Vielzahl Liegestühle, bequemer Loungemöbel und Sonnenschirme ist seit 2019 von Anfang März bis Ende Oktober an den Düsseldorfer Stadtstränden aufgestellt. Wechselnde Foodtrucks sorgen für Verpflegung, sind aber nur geöffnet, wenn das Wetter gut ist. Lange hat es gebraucht, bis sie hier zum Einsatz kamen, und ihre Anwesenheit löste auch Kritik aus, da manchen der verstellte Blick auf den Rhein stört. Vor der fortschreitenden Bebauung des Hafens hatte Düsseldorf schon einmal einen Strand mit gastronomischer Infrastruktur, manche kennen noch das beliebte Monkey's Island auf der Halbinsel im Hafenbecken. So viel Sand wie damals findet man an den jetzigen Stadtstränden nicht. Trotzdem kommt echtes Strandfeeling auf.

Wer genug hat vom Chillen im Liegestuhl, kann auf der Sportfläche unterhalb der Theodor-Heuss-Brücke Basketball oder Fußball spielen. Geschützt vor Regen ist hier Platz zum Dribbeln und Schießen, und es finden sich schnell andere Ballfreunde, bei denen man mitspielen kann.

TIPP Eine Hawaii Bowl als kulinarische Ergänzung gibt es auf dem Imbissschiff Golzheim Poke.

▶ Stadtstrand an der Theodor-Heuss-Brücke, 40474 Düsseldorf
www.stadtstrand-duesseldorf.de
▶ ÖPNV: Bus 729, 756, 758, 834, U-Bahn U78, U79, Haltestelle Theodor-Heuss-Brücke

# Grüne Architektur

## 50 Der Kö-Bogen II

Ob dieser Ort es dauerhaft auf die Liste der grünen Glücksorte schafft, werden die nächsten Jahre zeigen. In den vergangenen Jahren jedenfalls war die Düsseldorfer City von Baustellen geprägt. Zunächst entstand hier der sogenannte Kö-Bogen I, die städtebauliche Anknüpfung an den Hofgarten. An den Hauswänden des Hauptgebäudes sollten Bäume wachsen – sie tun dies nur bedingt. Einen weiteren, deutlich größeren Versuch begrünter Architektur startet nun Architekt Christoph Ingenhoven mit seinem Team auf den Dächern und an den Fassaden des Gebäudeensembles am Kö-Bogen II. Dieses Großprojekt umfasst die radikale Neugestaltung eines innerstädtischen Kerns – immerhin musste dafür der „Tausendfüßler", eine jahrzehntelang das Stadtbild prägende Hochstraße, weichen. Der Gustav-Gründgens-Platz vor dem Schauspielhaus, zuvor eine triste Betonfläche über einem Parkhaus, soll durch Bauminseln und Gastronomie mit Leben gefüllt werden.

Mehr als 8 Kilometer Hainbuchenhecken verwandeln das neue Hauptgebäude am Ingenhoven-Tal, wie der Bereich genannt wird, in ein gigantisches grünes Bauprojekt. Die Fläche auf den schräg verlaufenden begrünten Dächern ist begehbar und in dieser Form einzigartig in Düsseldorf. Eine große Rasenfläche auf Gebäude Nummer 2, einem aufsteigenden Dreiecksgebäude, soll zur Liegewiese für jedermann werden. Dem Architekten war es wichtig, das Grün des Hofgartens in die Innenstadt zu verlängern und damit nach dem Abriss des „Tausenfüßlers" die zuvor geteilte Stadt mit sich selbst zu versöhnen.

Der Kö-Bogen I ist zu einem beliebten Aufenthaltsort im Freien geworden, auch seine Ergänzung 2.0 wird mit der Zeit selbstverständlich zu Düsseldorf gehören. Man wird sehen, ob es das Supergreen-Projekt zum neuen grünen Herz der City schafft. Städtebauliche Veränderungen brauchen Zeit und die Stadtbewohner die dafür notwendige Geduld. Das kennt man von einem ähnlichen Großprojekt, dem Bau des Rheinufertunnels vor mehr als 25 Jahren und der Umgestaltung des Ufers – mittlerweile schon lange ein Anziehungspunkt.

- - - - - - - - - - - - - - - - - - - - - - - - - - - - - - - - - - - - - - - - - - - - - - - - - -

▶ Kö-Bogen II, Schadowstraße 42–52, 40212 Düsseldorf
www.koebogen-2.de
▶ ÖPNV: Straßenbahn 701, 705, 706, U-Bahn U71, U72, U73, U83, Haltestelle Schadowstraße

# Glühwürmchen & Fledermaus

## 51 Nachts im Botanischen Garten

Treffpunkt: 23 Uhr. Dunkel ist es und schon etwas kühler. Erinnerungen an die Nachtwanderung auf der Klassenfahrt vor Jahrzehnten werden wach. Noch ist der Eingangsbereich gut beleuchtet, und beim Gang über Wiesen und Wege im verlassenen Botanischen Garten werden sich die Augen schnell an die Dunkelheit gewöhnen. Ein wenig Abenteuerfeeling wird bleiben. Es gibt viel zu entdecken. Dafür sorgt Jona Galle, tagsüber Biologiestudent und heute in den Nachtstunden Wissensvermittler mit Schwerpunkt Zoologie beim Nachtspaziergang, einer ganz besonderen Führung durch den Botanischen Garten der Heinrich-Heine-Universität. Das erste Highlight funkelt im Taschenlampenlicht: Das weitverzweigte Netz einer Spaltenkreuzspinne versteckt sich an einer Schuppenwand. Im Kräutergarten gilt es, Rosmarin, Thymian, Salbei und Co. am Geruch zu erkennen. Kurz die Finger an den Blättern reiben und schnuppern. An einem Teich werden Kescher verteilt. Wer fängt den ersten Krebs? Geschlafen wird wenig in der Flora und Fauna. Die Bienen wuseln scheinbar ungeordnet durcheinander, Fledermäuse wischen fast unbemerkt vorbei. Ob Nacktschnecke oder Erdkröte – trotz Dunkelheit entdeckt Jona Galle bei diesem Rundgang etliche Vertreter der Tierwelt und kann zu jedem Kurioses und Interessantes erzählen.

**TIPP** *Es werden auch andere thematische Führungen angeboten.*

Eine Meise im Baumloch ist für ihn genauso interessant wie der kleine Seefrosch. Oder die Glühwürmchen. Über allem der Sternenhimmel und in der Ferne die Stadtbeleuchtung Düsseldorfs. Nachts sind vielleicht alle Katzen grau, aber im Botanischen Garten erstrahlt das Nachtleben in beeindruckender Vielfalt.

Tagsüber sollte man trotzdem noch mal wiederkommen. An die 6.000 Pflanzen sind auf dem Gelände zu entdecken. Es wartet eine Reise durch die Pflanzenwelt – unter anderem aus Nordamerika, China, dem Kaukasus und den Alpen. Ein Rundweg führt um eine Wildblumenwiese über das 8 Hektar große Gelände, und im Kuppelbau des Gewächshauses kommt südländisches Feeling auf.

Botanischer Garten der HHU Düsseldorf, Universitätsstraße 1, Parkplätze P1, P2, 40225 Düsseldorf, Tel. (02 11) 8 11 24 77, www.botanischergarten.hhu.de
ÖPNV: U-Bahn U73, U79, Haltestelle Universität Ost/Botanischer Garten

# Floristik naturelle

## 52 *Blumen selber schneiden in Angermund*

Kleine Sonnen lächeln einem entgegen, wenn man vom Gerichtsschreiberweg kurz vor der Einfahrt in den Düsseldorfer Stadtteil Angermund links auf den Parkplatz der Blumenwiese abbiegt. Ein wiegendes Meer aus Regenbogenfarben erstreckt sich zu beiden Seiten. Vorne am Beginn des Blumenfeldes steht ein etwas provisorischer Stand mit einigen Messern, einer einfachen Kasse und einer Preisliste. Die Preise für Sonnenblume, Dahlie und Co. liegen unter den Ladenpreisen, dafür sind sie nicht so perfekt und strahlen eher natürliche Schönheit aus. Außerdem geht es natürlich ums Selbermachen – Rumlaufen, Aussuchen, Bücken inklusive. Und um korrektes Verhalten beim Abrechnen. Fast hätte man vergessen, dass es noch Menschen gibt, die den anderen vertrauen, dass sie die richtige Summe für ihre Blumen zahlen, ohne kontrollierende Verkäuferin.

Als wäre der Wind ein willkommener Freund, bewegen sich die Blumenköpfe leicht von links nach rechts. Allein ihre farbenfrohe Anwesenheit fordert uns auf, die ein oder andere Blume mitzunehmen und ihren natürlichen Glanz auch noch zu Hause zu genießen. Jeder Blumenstrauß wird individuell werden, die Auswahl fällt schwer angesichts des vielfältigen Angebots. In langen Reihen erstrecken sich die Blumen in ihrer bunten Pracht: Gladiolen, Dahlien und fast menschengroße Sonnenblumen. Als hätte die Blumenwiese nicht schon genug Schönheit ausgestrahlt, erblickt man dahinter ein endloses Getreidefeld. Goldtöne fast bis zum Horizont. Am Ende heißt es rechnen, so viel Cent für die eine Blumensorte, so viel für die andere. Kleingeld sollte man jedenfalls auf jeden Fall mitbringen für die Einwegkasse ohne Rückgeldmöglichkeit. Zu Hause setzt sich die Freude an den selbst geschnittenen Blumen fort. Oder man verschenkt sie auf dem Rückweg vom Blumenfeld.

TIPP  **Im Frühsommer selber Erdbeeren pflücken auf ausgewählten Feldern in Düsseldorfs Umgebung.**

---

Am Gerichtsschreiberweg kurz vor Angermund links, 40489 Düsseldorf
ÖPNV: Bus 728, 760, Haltestelle Einbrunger Straße, Bus 749, Haltestelle Schloss Kalkum

# Schatztruhe Natur

**53** *Park von Schloss Dyck in Jüchen*

Blüten und Bäume im Überfluss. Weiten einer traditionellen englischen Parklandschaft. Da stolziert ein Pfau über den Spazierweg, da rankt eine Magnolie in Augenhöhe, da zieht ein Schwanenpaar seine Runden auf dem Schlossteich. Naturschönheit zum Eintauchen. Mußestunden in herrschaftlichem Flair. Im Park von Schloss Dyck fühlt man sich schnell wie eine Schlossbewohnerin. Fast tausend Jahre Geschichte atmet auf dem Gelände, der Park in seiner heutigen Form entstand vor etwa 200 Jahren. Der Schlosspark ist ein Ausflugsziel für das ganze Jahr. Wenn Krokusse sich hervortrauen und der Frühling erwacht, locken die Terrassenstühle vor der Orangerie, um die ersten Sonnenstrahlen zu genießen. Zur Rhododendronblüte im Mai nehmen die Besucherzahlen schon zu, und ein Publikumsmagnet ist die Rosenblüte im Sommer. Im Herbst versinkt die Parklandschaft im geheimnisvollen Nebel, bis der Weihnachtsmarkt im Winter auf dem Schlossgelände für seine ganz besondere Stimmung sorgt. Veranstaltungen vielerlei Art – von Oldtimertreffen über Laufevents bis Familienfeiern – finden auf dem Schlossgelände statt. Ein Höhepunkt ist das jährliche Lichtfestival im September. Ein mehrtägiges Fest der Sinne. Dann verwandeln Lichter und Klänge das Schlossgelände in eine andere Welt, in der gestaunt und geträumt werden darf. Das Wasser im Schlossgraben spiegelt die Farbimpressionen zu einem bunten Lichtermeer. Zum Schlossgelände gehört auch das sogenannte Dycker Feld. Hier wurden Skulpturen bedeutender Künstler in einem Wald aus Chinaschilf aufgestellt. Es entstanden Gärten unterschiedlichster Arten und Gestaltung, und in den Mustergärten am Schlosseingang kann man sich viele Anregungen mitnehmen für die Gartengestaltung zu Hause. Das Schloss Dyck – eine barocke Perle im Grünen. Und der umliegende Park ist eine Schatztruhe an Naturschönheiten.

------------------------------------------------

○ Schloss Dyck, Dycker Straße, 41363 Jüchen, Tel. (0 21 82) 82 40
www.stiftung-schloss-dyck.de
○ ÖPNV: Bus 864, 867, 870, 090, 091, Haltestelle Jüchen Schloss Dyck

# Ein Garten nicht zu Hause

**54** *In der Kleingartenanlage Niederkassel*

Es gibt sie, die Düsseldorferinnen und Düsseldorfer mit eigenem Garten am Haus. Ein Schritt aus der Küche oder dem Wohnzimmer und schon sind sie drin im eigenen grünen Glück. Doch gerade in einer Großstadt wie Düsseldorf ist ein direkt zum Wohnhaus gehörender Garten kein Standard. Zum Glück gibt es da die fast 7.000 Gartenparzellen – ein nicht zu unterschätzender Anteil an öffentlichem Grün. Zu finden sind sie in den über die Stadt verteilten siebzig Kleingartenanlagen. Eine besonders schöne davon liegt am Niederkasseler Rheinufer, direkt an den Rheinwiesen und dem Radweg.

Wer hier einen Garten (mit-)nutzen kann, ist weit von möglicherweise einengender Schrebergartenkultur entfernt. In der Hängematte liegen, mit Freunden grillen, den Sonntag verbummeln – all dies und noch viel mehr an Gartenfreiheiten gelingt ohne neugierige Blicke der Nachbarn. Viele Bäume nehmen die Sicht, hochgewachsen sind die Hecken und sorgen so nicht nur für Schatten, sondern auch für pflanzliche Geborgenheit im ungestörten Gartenreich.

**TIPP** In direkter Nachbarschaft gibt es einen Minigolfplatz.

Gemüse wird nur selten angebaut in dieser Kleingartenanlage, offiziell ist es verboten, da das Gebiet im potenziellen Hochwasserbereich des Rheins liegt. So hat die Kleingartenanlage in Lörick nicht mehr viel zu tun mit den sogenannten Armengärten, wie sie Mitte des 19. Jahrhunderts für die Eigenversorgung der Stadtbevölkerung entstanden.

Heute zählt die seelische Nahrung auf der eigenen Scholle. Der Kleingarten als Kraftoase. Runterkommen und eine Pause einlegen, das klappt umgeben von Blumen, Blüten und Blättern besonders gut.

Gewappnet nach dem Auftanken im kleinen Grün geht es leichter zurück in den Alltag. Beim Schritt nach draußen empfängt die Weite des Rheins, und dann geht es mit dem Rad wieder nach Hause. Perfektes Wochenendglück, das durch die kommende Woche trägt. Spätestens am nächsten Samstag sieht der Garten uns wieder.

● Kleingartenanlage in Niederkassel, entlang des Kaiser-Friedrich-Rings, 40547 Düsseldorf
● ÖPNV: Bus 834, 863, Haltestelle Niederkassel, U-Bahn U74, U75, U76, U77, Haltestelle Luegplatz

# Das rosa Blütenmeer

**55** *Wenn die Kirschbäume in der Zietenstraße blühen*

In dem einen Jahr scheinen sie über Nacht zu explodieren, im anderen breiten sie sich etwas zaghafter aus – wenn die Kirschbäume in der Zietenstraße blühen, verwandeln sie die Straße in ein rosa Blütenmeer. Jedes Jahr in den Aprilwochen entsteht dann eine beeindruckende Kirschblütenallee in Golzheim in der Nähe der Roßstraße. Ist die Zietenstraße sonst geprägt von schönen Altbauten und – wie alle Wohnstraßen – vielen parkenden Autos, wird sie nun zu einer blühenden Attraktion. Jeder Baum ist ein Farbwunder mit zarten Blütenblättern. Es duftet fein, und die blassrosa Blüten sind ein beliebtes Fotomotiv.

Die Kirschbäume wachsen in der Straße, in der sich auch die Synagoge und das Gemeindezentrum der Jüdischen Gemeinde Düsseldorf befinden. Das Areal entstand in den 50er-Jahren. Die Einweihung der Synagoge im Herbst 1958 war damals ein Zeichen der jüdischen Düsseldorfer, sich nach den Schrecken der Shoa dennoch in Deutschland zu verankern. Mehr als siebzig Jahre wechselvoller, spannender Entwicklung hat die Jüdische Gemeinde Düsseldorf mit ihren rund 7.000 Mitgliedern hinter

**TIPP** Nach dem Gang durch die Zietenstraße lohnt sich ein Besuch im Café Goldregen, Roßstraße 7.

sich. Einblicke geben die geführten Synagogenbesichtigungen, die von der Gemeinde angeboten werden. Hier erfährt man auch Interessantes über das Zusammenspiel von Architektur, Innengestaltung und religiöser Symbolik.

Zurück zu den Kirschblüten: Neben der üppig bepflanzten Zietenstraße finden sich im Frühling ein paar U-Bahn-Stationen weiter im Japanischen Garten im Nordpark weitere Kirschblütenattraktionen. Auch in Flingern, im nördlichen Bereich rund um die Beethovenstraße, stehen Kirschbäume, die im Frühling einen Besuch lohnen, ebenso wie auf der Luegallee in Oberkassel. Man kann sich nicht sattsehen, wenn man sich einmal auf Blütensuche macht.

🞂 Zietenstraße, 40476 Düsseldorf
🞂 ÖPNV: Straßenbahn 701, 705, 707, Haltestelle Dreieck, U-Bahn U78, U79, Haltestelle Victoriaplatz/Klever Straße, Bus 722, Haltestelle Kolpingplatz

# Ökocharme im Hinterhof

## 56 *Niemandsland in Oberbilk*

Hinterhofidyll. Mit einem Wort ließe sich das „Niemandsland" beschreiben. Aber das reicht natürlich nicht. Die Langversion ist ein Märchen: Es war einmal ein Erbe einer Gewerbeimmobilie mit Werkstätten und viel Platz. Sein Traum: nicht Wirtschaft und Kommerz, sondern ein nachbarschaftlich-soziales Ökoprojekt. „Niemandsland" wurde als Verein gegründet – Land, das niemand gehören soll, sondern da ist für Menschen aus der Nachbarschaft. Ein Ort entstand, der in Düsseldorf einzigartig ist. Das Projekt, das ökologische Lebens-, Arbeits- und Selbstverwaltung fördern will, entwickelt sich ständig weiter.

Durch eine Toreinfahrt direkt neben einem Bioladen geht es hinein. Rechter Hand Spielgeräte einer Kindertagesstätte, linker Hand Holzbänke. Ein paar Schritte weiter tut sich die Hinterhofoase auf: Blumen, Büsche und ein alles beschützender Baum mittendrin. Weintrauben ranken sich an Spalieren entlang. Kürbisse, Tomaten und Bohnen warten auf die Ernte. Ein kleines Gewächshaus schützt zartere Pflanzen. Eine Buddhafigur lächelt hoch oben von einem Fenstersims. Der Ökocharme vergangener Jahrzehnte liegt über den zusammengewürfelten Sitzmöbeln im Freien und dem Bauwagen mit gemütlichen Sesseln, Decken und Lichtern für kühlere Abende.

Mehr als dreißig Jahre besteht der Verein und zieht weite Kreise, denn in den grünen Glücksort nach Oberbilk kommen Menschen nicht nur aus der Nachbarschaft. Neben den Vereinsmitgliedern sind Gäste willkommen. Anziehungspunkte sind neben der Natur im Hinterhof Veranstaltungen wie Lesungen und Konzerte. Freitags öffnet die Fahrrad-Selbsthilfewerkstatt, außerdem gibt es einen Umsonstladen, wo man gebrauchte Sachen bekommt und abgeben kann. Zweimal pro Woche kochen Vereinsmitglieder für einen Mittagstisch – vegan und günstig. Neben dem Hinterhof gehören noch etliche Räume zum „Niemandsland". Außer den Werkstätten, wo getöpfert oder mit Holz gearbeitet wird, gibt es eine Gemeinschaftsküche, ein Musikzimmer, Co-Working-Spaces und einen Veranstaltungsraum.

**Niemandsland e. V., Heerstraße 19, 40227 Düsseldorf, Tel. (02 11) 23 93 81 10**
**www.niemandsland.org**
**ÖPNV: U-Bahn U74, U77, U79, Bus 721, 722, Haltestelle Ellerstraße, Bus 732,**
**Haltestelle Markenstraße**

# Kultiger Kaffee

## 57 *Rösterei mit Terrasse am Panoramaradweg*

Wie oft trinken wir Kaffee nebenbei? Ohne besondere Aufmerksamkeit, aus Routine, zum Wachwerden, vielleicht sogar in der To-go-Variante. Ein Besuch in der Kult-Kaffee Rösterei in Heiligenhaus ist ein schöner Anlass, den Kaffeegenuss mal wieder neu zu definieren und auch noch verschiedene Sorten auszuprobieren. Ähnlich wie bei Weinkennern findet sich in der Kaffeeszene spezielles Vokabular von vollmundig bis nussig, von elegant bis exotisch, um die Aromen einzufangen. Immerhin sind es an die 800, aus denen sich Kaffee zusammensetzt.

Große rote Sonnenschirme spannen sich über eine Vielzahl an Sitzmöglichkeiten auf einem ehemaligen Güterwaggon und einer Laderampe, die mit Holzpanelen ergänzt die einladende Terrasse der Rösterei ausmacht. Das Besondere: Sie liegt direkt am Panoramaradweg Niederbergbahn. Dieser führt 40 Kilometer über eine stillgelegte Bahntrasse und führt von der Stadt Haan über Wülfrath und Velbert bis nach Essen-Kettwig. Wenig Steigung, abwechslungsreiche Landschaft und immer wieder Museen und interessante Architektur. Der Panoramaradweg bietet Natur und Industriekultur. Zwischenstopp in Heiligenhaus ist die Kult-Kaffee Rösterei. Ein zuvor jahrelang ungenutztes Bahnhofsgebäude wurde 2014 nach einem aufwendigen Umbau als Rösterei mit Café eröffnet. Selbst gebackener Kuchen ergänzt das umfangreiche Kaffeesortiment.

Wen nach dem Strampeln zwischen Essen und Solingen erst mal nicht nach heißem Kaffee dürstet, greift zu dem besonders im Sommer beliebten Espresso-Tonic mit reichlich Eiswürfeln – frischer Kaffeegenuss konträr zum klassischen Eiskaffee mit Sahne und Vanilleeis.

An der Terrasse ziehen die Radfahrer vorbei, in die Nase steigt der Duft von Kaffeebohnen. Nicht nur frisch aufgebrüht hinter der Cafétheke im Backsteingebäude mit hohen Decken und warmem Industriecharme, auch frisch geröstet werden sie hinter einer großen Glasfront in der hauseigenen Rösterei.

••••••••••••••••••••••••••••••••••••••••••••••••••••

▷ Kult-Kaffee Rösterei, Westfalenstraße 12, 42579 Heiligenhaus, Tel. (0 20 56) 2 59 67 99
www.kult-kaffee.de
▷ ÖPNV: Bus 772, Haltestelle Heiligenhaus Bahnhofstraße

# Eine ruhige Ecke im Südpark

**58** *Der VHS-Biogarten als Rückzugsort*

Ein Kleinod in den landschaftlich abwechslungsreichen Weiten des Südparks ist der zentral gelegene VHS-Biogarten. Ein natürlich durch Hecken abgeschirmtes Areal mit Pflanzenvielfalt in naturnaher Gestaltung. Ab 10 Uhr am Vormittag ist das Tor in der Regel offen und das von der Volkshochschule sowie einem Arbeitskreis betreute Gartengelände öffentlich zugänglich.

Entstanden ist der Biogarten 1987 im Rahmen der Bundesgartenschau, und er war damals schon ein Renner. Nun, mehr als dreißig Jahre später, hat er sich weiterentwickelt und bleibt im Jahreszeitenfluss. So natürlich, wie es möglich ist, soll hier gegärtnert werden. Vor allem zur Herbst- und Winterzeit finden sich hier nicht supertoll durchgepflegte Beete, sondern es bleiben auch mal abgeblühte Pflanzen als Vogelfutter stehen, um den Samen zu verteilen oder als Überwinterungsmöglichkeit für Insekten. Doch gerade das Unperfekte, das Natürliche macht dieses versteckte Juwel aus. Wild- und Gartenpflanzen neben Gemüseanbau und Obstbäumen und hinten in der Ecke liegt der Seerosenteich. Pflanzenvielfalt, die auch Tiere anzieht. Wer lange keinen Schmetterling mehr gesehen hat, kann hier endlich mal wieder fündig werden.

**TIPP** *Im Spätsommer findet hier eine Pflanzentauschbörse statt.*

Zweimal die Woche kann jeder anpacken, der gärtnern möchte. Dann trifft sich der Arbeitskreis, und unter Anleitung von Melissa Teichmann, die als Gärtnerin Konzept und Pflege verantwortet, geht es ans Unkrautjäten, Wässern, Setzlingepflanzen, Ernten – was so ansteht im Gartenleben, je nach Jahreszeit.

Die Erde spüren, den Pflanzen beim Leben zusehen. Leute, die keinen Garten haben und trotzdem ihren grünen Daumen nicht vernachlässigen möchten, können sich hier ausprobieren. „Für viele ist das Gärtnern im VHS-Biogarten ein toller Ausgleich zum Alltag", ist sich Melissa Teichmann sicher. Wer etwas mehr Zeit mitbringt und nach der Ruheoase noch unter Menschen möchte – oder unter Tiere –, macht sich auf den Weg zum Café im Südpark und dem benachbarten Streichelzoo.

● **VHS-Biogarten, Parkplatz Stoffeler Kapellenweg, 40225 Düsseldorf, Tel. (02 11) 8 99 41 50**
● **ÖPNV: Bus 723, U-Bahn U74, U77, U79, Haltestelle Provinzialplatz**

# Wo einst der Rhein floss

## 59 *Die Ilvericher Altrheinschlinge*

Verwunschene Natur, einsame Strandabschnitte, viele Spazierwege. Entlang des alten Rheinarms im Meerbuscher Ortsteil Ilverich hat sich Flora und Fauna entwickelt, die einlädt zu ungestörten Naturaufenthalten. 11 Kilometer lang ist das Rheinufer vom Norden bis in den Süden Meerbuschs. Es zählt zu den schönsten Uferabschnitten am Niederrhein. Das Naturschutzgebiet Ilvericher Altrheinschlinge in der linksrheinischen Rheinaue schmiegt sich in die Landschaft zwischen den Ortsteilen Ilverich, Strümp und Büderich.

Es entwickelte sich nach der Eindeichung des Rheingebietes, als der Damm gebaut worden war und die Landschaft fortan nicht mehr regelmäßig überflutet wurde. Doch ursprünglich ist das Areal mehr als 7.000 Jahre alt und entstand als Teil des Flussbettes, der Rhein bewegte sich hier in einer großen Schleife. Bei einem Hochwasser durchbrach der Rhein die Schlinge und nahm sozusagen eine Abkürzung. Fortan wurde das alte Flussbett zu einem Altarm. Zunächst noch in Verbindung zum Hauptfluss verlandete er später.

Daher der etwas ungewöhnliche Name Altrheinschlinge. Geprägt ist das mehr als 300 Hektar große Gebiet von sogenanntem Niedermoor. Dahinter verbergen sich nährstoffreiche Torfböden mit Feuchtgebieten und Bruchwald, durchzogen von kleinen Bächen mit hochwachsendem Schilf. Kopfweiden auf Wiesenland, immer mal wieder gluckert ein Bachlauf. Libellen schweben über dem Wasser, eine Erdkröte blickt versonnen durchs Gras, in der Ferne ragt ein Graureiher majestätisch in der Landschaft auf, ein gelber Schmetterling steuert gelbe Blüten an. Die Ilvericher Altrheinschlinge ist nicht nur ein Paradies für seltene Tier- und Pflanzenarten – hier brüten seltene Vogelarten –, auch für Spaziergänger bietet sie naturnahe Erholung. Eine Wanderroute führt durch das Gebiet. Auf lauschigen Wegen geht es an Büschen und Bäumen entlang. Wer mag, kann an zwanzig Standorten Informationen über Entstehung, naturräumliche Ausstattung und heutige Nutzung des Gebietes lesen.

............................................................

Ilvericher Altrheinschlinge, Parkplatz Bergfeld, 40670 Meerbusch
ÖPNV: Bus 830, 831, 839, Haltestelle Bergfeld

# Privates Grün

**60** *Pflanzenliebe für Zuhause*

Zunächst überwältigt der Duft. Beim Betreten des Ladenlokals strömt Frische entgegen. Kein aufdringliches Blütenaroma, schlichte Klarheit liegt in der Luft, von Grünpflanzen bewirkt.

Die Liebe zu Pflanzen hat Jan Wolfrum in seinen Geschäftstraum mit dem freundlich auffordernden Namen „Love your Plants" verwandelt. Mitten in Bilk betreibt er einen modernen Pflanzenladen. Drinnen ein Farbenmeer an Grünschattierungen. Vom kleinen Kaktus bis zur deckenhohen Palme, von hochpreisigen, seltenen Pflanzen wie der Monstera Variagata bis zur beliebten Sansevieria in verschiedensten Variationen – hier gibt es zahllose Anregungen für die individuelle Grüngestaltung des eigenen Zuhause.

Draußen, vor der großzügigen Schaufensterfront, findet sich Bestückung für Balkonien. Diesen vielfältigen grünen Glücksort, zehntausendfach vertreten in Düsseldorf. Für die Balkongestaltung kommt der gelernte Gartenbauingenieur Jan Wolfrum gern auch mal zum Kunden nach Hause, denn die Ansprüche an kreative Bepflanzungen sind gestiegen. Mediterran oder eher asiatisch, bunt durchmischt oder klar gestylt. So entstehen kleine grüne Paradiese, nur einen Schritt entfernt von Küche oder Wohnzimmer.

Jeder Balkon ist einzigartig. Verziert mit überbordenden Hängegeranien, genutzt als kleiner Gemüseanbauort, mit Kräutergarten, Sonnenblumen oder Palmendekoration. Auf dem Balkon lässt sich der grüne Daumen auch ohne Garten ausprobieren. Balkone erweitern das eigene Reich in den warmen Monaten um viele Möglichkeiten: Die einen machen dort Yoga in den frühen Morgenstunden, andere genießen das Frühstück im Freien. Manche verlegen die Schreibtischarbeit auf den Balkon, andere schalten im Liegestuhl von der Arbeit ab. Am schönsten sind jedoch die ersten und die letzten Sonnenstrahlen, wenn die warme Jahreszeit beginnt oder endet. Und natürlich die lauen Sommerabende, die auf dem Balkon erträglich werden, wenn die Wohnung aufgeheizt ist. Balkonien lebe hoch.

● ● ● ● ● ● ● ● ● ● ● ● ● ● ● ● ● ● ● ● ● ● ● ● ● ● ● ● ● ● ● ● ● ● ● ●

▶ Love Your Plants, Brunnenstraße 7, 40225 Düsseldorf
www.love-your-plants.com
▶ ÖPNV: U-Bahn U71, U72, U73, U83, S-Bahn S8, Haltestelle Bilk S-Bahnhof, Straßenbahn 701, 704, Haltestelle Karolingerplatz

# Historie umrunden

Hohe Bäume und Brombeerbüsche im Überfluss. Ein schmaler Weg führt um den alten Ortskern von Kaiserswerth herum, diesem nach der Kaiserpfalz und seinem prominenten Bewohner benannten Stadtteil im Norden Düsseldorfs. Der Befestigungswall zieht sich in einem großen Halbkreis von der Burgallee bis zur Friedrich-von-Spee-Straße.

Vereinzelte Gaslaternen versprühen alten Charme. Sie wirken zart im Schatten der stolzen Linden, die sich links und rechts des Weges in die Höhe recken. Die hiesige Lindenallee gilt als schmalste Allee Deutschlands, so eng sind die Bäume gepflanzt. Nachteilig ist der Wildwuchs aus Brombeeren und Brennnesseln hier, ihm muss immer mal wieder zu Leibe gerückt werden.

Wer an der ehemaligen Festungsanlage wohnt oder eben spazieren geht, hat einen besonderen Blick in sanft verwildertes Ufergebiet. In der Ferne ist der Rhein zu erahnen. Eine Trauerweide breitet ihre Astschwingen aus, Büsche und Hecken lassen Raum für Naturgefühle fernab geordneter Parklandschaften.

Der Befestigungswall selber ist ein Bodendenkmal. Seine Geschichte geht bis ins 16. Jahrhundert zurück. In diesen Jahrzehnten wurde Kaiserswerths Stadtsilhouette geprägt durch zeittypische Militärarchitektur. Heute wirkt es friedlicher entlang des Barbarossawalls, an dessen südlichem Ende ein mehr als hundert Jahre alter Maulbeerbaum steht, etwas versteckt, aber mit einer Hinweistafel versehen. Ein Naturdenkmal auf einem Bodendenkmal. War der Schutzwall einst da, um den Ort zu schützen, gilt es heute verstärkt, die Natur zu schützen. Einen Zugang zur Festungsanlage findet man am Ende der Straße Barbarossawall. Links hinauf beginnt der Rundweg.

Unten im Ortskern warten weitere historische Gebäude und Sehenswürdigkeiten wie der zentrale Klemensplatz mit Barockhäusern aus dem 17. und 18. Jahrhundert sowie die St. Suitbertus Basilika am Stiftsplatz und natürlich das Rheinufer mit Burgallee zur Kaiserpfalz.

⊙ Barbarossawall, 40489 Düsseldorf
⊙ ÖPNV: U-Bahn U79, Bus 728, 760, Haltestelle Klemensplatz

# Grünes Idyll mit Topküche

## 62 *Kochen und essen im Naturgarten*

Abbiegend von der Landstraße zwischen Düsseldorf und Meerbusch geht es in den dörflich geprägten Ortsteil Alt-Lörick. Alte Bauernhäuser wechseln mit Neubauten. Es wird ruhiger. Hinter dem ehemaligen Bauernhof an der Bonifatiusstraße 59 verbirgt sich ein Naturidyll. 1.000 Quadratmeter Garten – wildromantisch, großzügig, naturnah angelegt. Mehr als hundert Besucher waren an einem Wochenende hier, als Thomas Deckert seinen Garten 2019 das erste Mal im Rahmen der „Offenen Gartenpforte" präsentierte. Dieses Angebot lädt Garteninteressierte ein, vom Privatgarten bis zum öffentlichen Park grüne Gestaltungsmöglichkeiten kennenzulernen und sich Anregungen zu holen.

Letzteres spielte in Deckerts Garten eine wichtige Rolle, weil dieser naturnah angelegt ist und als Beispiel für die sogenannte Permakultur steht. Dahinter verbirgt sich ein ökologisches Konzept, das auf Eigenständigkeit der Natur setzt. Viele einheimische Pflanzen sind vertreten, auch alte Sorten. Insektenvielfalt hat sich entwickelt, nicht nur aufgrund der abwechslungsreichen Bepflanzung, sondern auch durch die Wildblumenwiese und Totholzelemente, in denen Kleinstlebewesen ein Zuhause finden. „Je mehr Vielfalt da ist, umso gesünder ist der Garten", erzählt Thomas Deckert begeistert von seinem Kleinod in Grün.

**TIPP** Infos zur „Offenen Gartenpforte" findet man unter www.offene-gartenpforte-rheinland.de.

Er wuchs in Alt-Lörick auf, lebte in Hamburg und Düsseldorfs Innenstadt. Vor vier Jahren zog es ihn wieder hierher, und er begann gemeinsam mit einem Naturgärtner das Grundstück hinter dem Haus zu gestalten. Heute ist er mit seiner Familie weitestgehend zur Selbstversorgung übergegangen – dafür sorgen Gemüseanbau, Obstbäume, nährstoffreiche Hochbeete sowie eigene Hühner. Sogar Honig entsteht. Das Schöne an Deckerts Garten: Man kann ihn mieten, und zwar in Kombination mit einer großzügigen Küche im Erdgeschoss des Hauses, die für Kochkurse genutzt wird, für kulinarische Projekte und für Feierlichkeiten. Auf der Terrasse wartet ein lang gezogener Holztisch auf Gäste, und mitten im Naturgarten gibt es eine Boulebahn.

◐ **Garten der Kochwerkstatt, Bonifatiusstraße 59, 40547 Düsseldorf, Tel. (02 11) 53 81 53 98**
**www.kochwerkstatt-duesseldorf.de**
◐ **ÖPNV: Bus 833, SB 51, Haltestelle Hubert-Hermes-Straße**

# Frischluft tanken

**63** *Spaziergang zum Eller Forst*

Kein Parfum der Welt kann es damit aufnehmen: mit dem Duft der Waldluft an einem frühen Spätsommermorgen. Kulminierte Frische bei jedem Atemzug. Morgens um 8 Uhr unterwegs im Stadtwald. Das Blätterdach über, den Weg vor sich. Atmen, auftanken, abschalten. Die beruhigende Wirkung des Waldes wahrnehmen. Frischluft tanken und Energie – wie wunderbar Wald riechen kann.

Auch ein paar andere zieht es schon früh hierher. Ein älteres Paar mit Walkingstöcken sorgt vorbildlich für sein Herz-Kreislauf-Training. Ein Hundeausführer kümmert sich um fünf Hunde unterschiedlichster Rasse. Zwei Jogger laufen schnell vorbei. Ein Rotkehlchen hüpft über den Weg. Und dann noch die Frau mit grauem Dutt auf ihrem Fahrrad – bei der ersten Begegnung grüßt sie freundlich, bei der zweiten fährt sie singend vorüber. Begegnungen auf dem Weg zum Eller Forst.

Dieser liegt mitten im Stadtwald und ist das älteste Naturschutzgebiet Düsseldorfs. Das Waldgebiet schmiegt sich zwischen die südlichen Stadtteile Eller, Vennhausen und Unterbach und erstreckt sich auf etwa einem Quadratkilometer Fläche. Sumpfige Böden machen dieses Naturschutzgebiet aus. Besonders im Inneren des Eller Forstes gibt es sogenannte Erlenbruchwälder, eine besondere Waldform. Da der Grundwasserspiegel so hoch ist, dass Baumwurzeln vor allem in den Wintermonaten ständig von Wasser umspült sind, setzte sich nach und nach die Erle durch, weil diese Baumart damit am besten zurechtkommt. Der sumpfige Boden ist für Amphibien ein Paradies. Mit etwas Glück lassen sich hier Molche, Erdkröten und Grasfrösche beobachten. Ein Graureiher steht majestätisch am Wegesrand. Ein Habicht kreist über den Baumwipfeln.

Der Eller Forst an sich ist nicht allzu groß, aber durch den gesamten Stadtwald und auch entlang des nahe gelegenen Unterbacher Sees führen schöne Rundwege. Zum Beispiel der „Sieben-Brücken-Weg", der sich trotz sumpfiger Weide trockenen Fußes bewältigen lässt, oder der 6 Kilometer lange See-Rundwanderweg. Alles ist gut ausgeschildert.

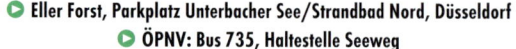

**❯** Eller Forst, Parkplatz Unterbacher See/Strandbad Nord, Düsseldorf
**❯** ÖPNV: Bus 735, Haltestelle Seeweg

# Obstbäume im Schlossgarten

**64** *Schloss Mickeln in Himmelgeist*

Vorn eine eindrucksvolle Schlossallee. So wie man es sich vorstellt: mit alten Linden, prachtvollem Zugang, das herrschaftliche Anwesen im Blick. Hinten ein Schlossgarten, der sich gegen gängige Klischees zur Wehr setzt: verwunschene Natur- statt begradigte Schlossromantik. Alte Obstbäume auf dem Rasengelände erinnern eher an Streuobstwiesen als an akkurate Parkgestaltung. Die Wiese sieht nicht aus wie ein englischer Rasen, sondern ist naturnah mit Blumen verziert. Versteckt hinter Hecken stehen schlichte Bienenstöcke. Emsige Naturarbeiterinnen produzieren Himmelgeister Honig.

Der Park von Schloss Mickeln gehört zu den weniger bekannten öffentlichen Grünflächen Düsseldorfs. Er liegt etwas abseits in den südlichen Ausläufern der Stadt, im dörflich geprägten Stadtteil Himmelgeist. Das Gebäude wird von der Heinrich-Heine-Universität für Tagungen und Veranstaltungen genutzt.

Der Park besteht seit 1843. Er wurde, wie so viele andere Parks in Düsseldorf auch, von Maximilian Friedrich Weyhe entworfen und gestaltet, dem Mann, der Düsseldorfs Parklandschaft im 19. Jahrhundert geprägt hat wie kein anderer. Sein Konzept bezog die Anlagen von Gut Meierhof und Fronhof ebenso mit ein wie die Rheinauen. Ein Großteil der Bäume des heutigen Parks ist noch aus der Anfangszeit der ersten Bepflanzung – darunter Platanen und Blutbuchen. Ende des 20. Jahrhunderts war der Schlosspark etwas in Vergessenheit geraten, der Park verwilderte. Anlässlich des Kultur- und Naturevents EUROGA 2002plus wurde der Schlosspark dann grundlegend saniert. Seitdem ist er wieder öffentlich zugänglich.

Am hinteren Rand geht der Schlosspark über in die Rheinauen, das Naturschutzgebiet Himmelgeister Rheinbogen. Hier entschleunigt die Großstadt endgültig. Keine Bundesstraße, keine Autobahn weht summendes Verkehrsrauschen herüber, wie es sonst oft im Grün am Rande der Stadt der Fall ist. Der Weg führt an Feldern entlang und am Deich. Die Weite versprüht Küstennähe, wie man sie sonst von Nord- und Ostsee kennt.

••••••••••••••••••••••••••••••••••••••••••••••••••••••••••••••••

○ Schloss Mickeln, Am Mickeler Busch, 40589 Düsseldorf
○ ÖPNV: Bus 835, Haltestelle Alt Himmelgeist

# Fitness & Faulenzen

**65** *Freizeitplus Rheinpark*

Eigentlich ist es nur eine Wiese, wenn auch eine große. Der Rheinpark zählt mit seinem Titel offiziell zu den Parkflächen Düsseldorfs, streng genommen ist er eine riesige Wiesenfläche mit vereinzelten Bäumen sowie angrenzender Baumallee. Vermutlich jede Düsseldorferin und jeder Düsseldorfer aus den angrenzenden Stadtteilen Golzheim, Pempelfort und Derendorf hat hier in Flussnähe einen Lieblingsplatz. Sei es der Baum mit den ausladenden Ästen nahe dem Spielplatz, sei es der Rundweg zum Joggen, sei es die Parkbank links der Treppe. Der Rheinpark ist ein Klassiker unter den beliebten Freiluftadressen Düsseldorfs.

Fitness und Faulenzen gehen im Rheinpark eine enge Symbiose ein. Die einen verabreden sich zum Grillen mit Familie oder Freunden, die anderen treffen sich mit der Sportgruppe für Fitness an der frischen Luft. Lammschnitzel oder Liegestützen. Oder beides. Besonders beliebt sind die Wiesen für Freizeitfußballer. Wer den holprigen natürlichen Boden nicht scheut, trifft sich sonntags in lockerer Runde, um mit Ernst an der runden Sache den Bewegungsmangel der Arbeitswoche wegzuschießen und den Arbeitsstress gleich dazu.

**TIPP** Das Open-Air-Kino im Sommer am Rhein bietet ein abwechslungsreiches Programm.

Angelegt wurde der Rheinpark anlässlich einer großen Industrie-, Gewerbe- und Kunstausstellung im Jahr 1902. Die sumpfige Golzheimer Insel, die auf der heutigen Grünfläche zwischen Rheinterrasse und Theodor-Heuss-Brücke bestand, war trockengelegt und aufgeschüttet worden. Zunächst geplant für Ausstellungszwecke, beschloss der Stadtrat 1927, dass die Grünfläche nicht bebaut werden durfte. Damals hieß sie noch Kaiser-Wilhelm-Park. Die städtebaulichen Veränderungen gingen Anfang des 20. Jahrhunderts weiter, der damalige Oberbürgermeister Robert Lehr war in den 20er Jahren eine bestimmende Kraft – nach ihm ist die Straße am Rheinufer benannt. Hier gibt es Anlegestellen für Passagierschiffe, die zu Hochzeiten im Messekalender mittlerweile als Hotelschiffe genutzt werden. Die Gäste haben dann den Rheinpark direkt vor der Kajütentür.

> ▶ Rheinpark, zwischen Cecilienallee und Robert-Lehr-Ufer, 40474 Düsseldorf
> ▶ ÖPNV: U-Bahn U78, U79, Haltestelle Golzheimer Platz

# Äpfel und noch viel mehr

**66** *Willkommen im Apfelparadies Wittlaer*

Den blauen Himmel über sich. Einen lieben Menschen auf dem Stuhl neben sich. Meterlange Baumreihen hinter sich. Und ein Stück Apfelstreuselkuchen auf dem Teller vor sich. Mit Sahne natürlich. So sieht das kleine Glück im Apfelparadies aus. Café und Hofladen gehen hier eine Symbiose ein, bei der sich alles rund um die beliebteste Obstsorte der Deutschen dreht. Genauer, um einige Sorten der weltweit ungefähr 20.000 Apfelarten. Zwischen Düsseldorf und Duisburg liegt dieses Paradies für Apfelfreunde. Familie Schumacher betreibt in mehr als 150-jähriger Tradition den Großheyerhof in Tönisvorst und steht hinter dem Apfelparadies, das seit 1987 an der alten B 8 seinen Platz gefunden und Ableger in Moers und Meerbusch aufgemacht hat. Das Schöne an dem ersten Standort ist das Wiesencafé. Hier gibt es Äpfel in ihrer versüßten Form als Apfelplunder, Apfelstreusel, Apfelstrudel und sogar Apfel-Käsekuchen sowie andere Verlockungen aus der Hofbäckerei wie fein belegte Brötchen und diverse Kaffeesorten.

Wer Abwechslung sucht im Supermarktdschungel, ist im Hofladen genau richtig. Ein ausgesuchtes Sortiment mit hauptsächlich regionalen Produkten, ergänzt durch eine Kühltheke mit Käse, Wurst und Milchprodukten in der Bioversion, Weine, Honig, Fruchtaufstriche und neben Birnen, Pflaumen und Gemüse natürlich jede Menge Äpfel. Hölzerne Obstkisten bis an den Rand gefüllt mit Elstar, Braeburn, Jonagold und Co. Knackig, süß oder säuerlich? Alle Sorten lassen sich probieren, geachtelte Früchte warten nur darauf. Doch gibt es nicht nur Apfel pur – diverse Apfelmusvarianten, Apfelsäfte und Apfelchips ergänzen das Angebot.

Jedes Jahr im September, wenn die Ernte noch ganz frisch ist, steigt ein großes Apfelfest im Apfelparadies. Dann geht es mit dem Traktor durch die voll behangenen Baumplantagen, und in Anlehnung an Wilhelm Tell kann man sich im Armbrustschießen ausprobieren. Vom Apfelschälwettbewerb bis zur Apfelchipsverkostung – erstaunlich, was man mit Äpfeln alles anstellen kann.

---

○ Apfelparadies Wittlaer, Duisburger Landstraße 333A, 40489 Düsseldorf, Tel. (02 03) 78 96 23
www.apfelparadies.com
○ ÖPNV: Bus 940, 946, Haltestelle Am Heidberg, U-Bahn U79, Haltestelle Kesselsberg

# Radeln mit dem Strom

## 67 Der Rheinradweg

Wer kennt es nicht, dieses Gefühl, endlich mal wieder etwas für die Gesundheit tun zu wollen und für mehr Bewegung zu sorgen? Wie wäre es mit einer Radtour? Immer am Rhein entlang, mit toller Aussicht und null Steigung – jedenfalls in der weiteren Umgebung Düsseldorfs. Der Radweg entlang des Rheins ist perfekt für sportliche Einsteiger, da man ihn auch etappenweise abfahren kann. Und das sollte man auch, wenn man nicht wochenlang Ferien hat, denn insgesamt sind es etwa 1.230 Kilometer, über die sich dieser europäische Radweg erstreckt. Sein Startpunkt ist bei der Rheinquelle in den Schweizer Alpen, sein Ende an der Mündung des Flusses in Rotterdam. Und er führt an Düsseldorf vorbei. Konzentrieren wir uns auf den letzten Abschnitt des Rheinradwegs, auch EuroVelo-Route genannt, am Niederrhein entlang – immerhin noch 460 Kilometer von Bonn nach Rotterdam. In Nordrhein-Westfalen nennt sich der Radweg „Erlebnisweg Rheinschiene" und umfasst 357 Kilometer. links- oder rechtsrheinisch zu absolvieren. Fähren und Brücken erlauben problemloses Rheinseiten-Hopping. So kann man von Zons nach Urdenbach mit der Fähre übersetzen oder auf der Höhe von Meerbusch und Kaiserswerth.

Für Düsseldorfs Radfahrende ist zum Beispiel die Etappe nach Duisburg ein schöner Einstieg fürs Wochenende. Oder in die andere Richtung, Ziel Köln. Das Streckenlogo – eine blaue S-Kurve auf rotem Farbquadrat – und Infotafeln helfen bei der Orientierung. Der Online-Radroutenplaner NRW ist außerdem nützlich bei der Vorbereitung.

Dann heißt es: ab auf den Sattel und feste in die Pedale treten. Rheinidylle mit Auenwäldern wechselt mit Großstadtarchitektur, der moderne Duisburger Hafen steht im Kontrast zu Düsseldorfs Altstadtufer. Ausflugsboote, Fährschiffe und Lastentanker begleiten die Fahrt vom Wasser aus. Und wenn mal mehr Zeit ist: Wir wissen, es gibt noch knapp 1.000 Kilometer außerhalb Nordrhein-Westfalens, auf denen sich der Rhein mit dem Fahrrad erkunden lässt.

· · · · · · · · · · · · · · · · · · · · · · · · · · · · · · · · · · · · · · · · · · · · · · · ·

▶ Rheinradweg EuroVelo 15, de.eurovelo.com/ev15, Erlebnisweg Rheinschiene
www.erlebnisweg-rheinschiene.de

# In und am Wasser

## 68   *Tier- und Pflanzenvielfalt im Aquazoo*

Von links nach rechts, kreisend, langsam gleitend, schnell vorüberflitzend – die Augen folgen schimmernder Buntheit, der Kopf entspannt beim Betrachten der scheinbar wahllosen Schwimmunternehmungen der Fische. Die meterhohen Glaswände gewähren Einblick in Unterwasserwelten, die sonst nur in Südsee- und Atlantiktiefen zu finden sind. Im Aquazoo Löbbecke Museum ist die sonst so ferne Unterwasserwelt ganz nah erlebbar.

Dieser grüne Glücksort ist nicht im Freien und besteht zu einem Großteil aus Wasser, aber der Natur ist man hier dennoch sehr nah. Alle, na ja, fast alle Tiere rund um Wasser und Ufer finden sich in dem Zoogebäude. Insgesamt leben etwa 3.000 Tiere hier, über 500 Tierarten: vom Seepferdchen bis zum Krokodil, vom Grünen Leguan bis zum Brillenpinguin, von der leuchtenden Qualle bis zur Wasserschildkröte.

Während der aufwendigen Renovierung, die vier Jahre in Anspruch nahm, mussten die Aquazoo-Bewohner ausgelagert werden. 2017 konnten sie dann in die neu gestalteten Räume einziehen und sind seitdem ein Anziehungspunkt für Jung und Alt. In 25 Themenräumen gilt es viel zu entdecken. Interaktive Stationen und Erklärfilme sind ein wichtiger Bestandteil des Ausstellungskonzeptes. Dabei geht es um nicht weniger als die Geschichte der Lebewesen, von der Entstehung im Wasser, der Ausbreitung im Meer, der Besiedelung der Süßgewässer bis zu den Lebensräumen an Land. Informationen rund um die Natur anschaulich dargestellt. Und immer wieder mit dabei: lebendige Tiere in ihrer Farbenpracht und Einzigartigkeit.

Sollen wir noch mal in der warmen Tropenhalle nach dem Chamäleon suchen? Oder uns über das Lächeln bei dem Kuhnasenrochen wundern? Oder den Hai aus respektvollem Abstand beobachten? Oder doch lieber den Seepferdchen bei ihrem zarten Wassertanz zuschauen?

TIPP Es lohnt sich, das umfangreiche Veranstaltungsprogramm mit Vorträgen und Workshops zu beachten.

○ Aquazoo Löbbecke Museum, Kaiserswerther Straße 380, 40474 Düsseldorf,
Tel. (02 11) 27 40 02 00, www.duesseldorf.de/aquazoo
○ ÖPNV: U-Bahn U78, U79, Haltestelle Nordpark/Aquazoo

# Im Schatten des Schlosses

**69** *Der Benrather Schlosspark im Süden der Stadt*

Ob sich die Tochter der Schlossbewohner heimlich mit dem Gärtnerjungen im Küchengarten getroffen hat zum Sternezählen und zum ersten Kuss? Ob die Hausherrin jemals barfuß das feuchte Gras im Schlosspark erspürt hat? Gedanken an Groschenromane und befreiende Regelverstöße begleiten den Gang durch den Schlosspark Benrath an einem warmen Sommerabend. So viel hat sich verändert in der Gesellschaft, seitdem das Schloss 1771 nach 14-jähriger Bauzeit eingeweiht und kurz darauf auch die Parkanlage mit Wasserspielen und Weiher vollendet wurde. Und so viel ist geblieben von alter Schlossromantik, die eine der größten Grünflächen der Landeshauptstadt prägt. Lustwandeln lässt sich noch heute im Benrather Schlosspark. Die ursprünglichen Besitzer, Kurfürst Carl Theodor und seine Frau Elisabeth Auguste, besuchten ihr Lust- und Jagdschloss im barocken Stil übrigens nur jeweils einmal. Danach war es in wechselndem adeligem Besitz und Nutzungsgepräge. Bis heute sind das Schloss und der dazugehörige Park ein Touristen- und Ausflugsmagnet.

TIPP *Das Lichterfest im Sommer mit Freiluftkonzert und Feuerwerk ist ein Highlight.*

Die Bepflanzung des Parks ist an vielen Stellen zauberhaft, etwa im Bereich der Orangerie – hier erstreckt sich ein Beetesystem getrennt durch kleine Wege. Ganz anders der Küchengarten, etwas versteckt gelegen am Rande des Parks. Hier wurde früher für die Versorgung der Schlossbewohner gesorgt, heute kümmern sich Mitarbeiter der Werkstatt für angepasste Arbeit um Obst, Gemüse und Kräuter. Insgesamt 61 Hektar umfasst der Park in seiner Gesamtheit. Da gibt es viel zu entdecken: neben einer beeindruckenden Blütenpracht auch architektonische Besonderheiten, wie Skulpturen und ein ausgeklügeltes Wasserkanalsystem, sowie den bewaldeten Jagdpark, der bis zum Rhein führt. Außerdem gibt es einen französischen Barockgarten und einen englischen Landschaftsgarten, jeweils ursprünglich für Kurfürstin und Kurfürst angelegt. Neben dem Parkbesuch ist eine Schlossführung möglich und der Besuch des Museums für Europäische Gartenkunst.

Benrather Schlosspark, Benrather Schloßallee 100–106, 40597 Düsseldorf
www.schloss-benrath.de
ÖPNV: U-Bahn U71, U83, Haltestelle Schloss Benrath, Regionalbahn RE1, RE5, S-Bahn S6, Haltestelle Benrath S

# Unterricht im Wald

 **70** *Waldschule im Grafenberger Wald*

Schule mal anders erleben Kinder und Erwachsene im Grafenberger Wald. Natur zum Anfassen und besseren Kennenlernen – nahe dran an Waldameise und Fliegenpilz(modell), an Hirschgeweihen und Förster- wissen sind kleine und große Besucher in der Waldschule. Eigentlich sind es mittlerweile zwei. Die alte Waldschule liegt links des zentralen Spielplatzes in einem Blockhaus, ein großer holzvertäfelter Raum mit dem Charme vortechnisierter Zeiten. An einer Duftorgel lässt der Druck auf Holzknöpfe unterschiedliche Gerüche entweichen, und es gilt, Kiefer, Lavendel und Pfefferminz zu erraten. Tierfelle hängen an den Wänden, Plastikmodelle verschiedener Pilzarten und Käfer geben Einblicke in die Vielfalt des Waldes. Die Bilderbücher rund um Naturthemen sind schon etwas abgegriffen, und das Ambiente ist nicht topmodern, dafür ist die Waldschule 1.0 jeden Tag für Publikumsverkehr geöffnet. Und alleine wegen der beiden Perleidechsen Elly und Timon, die in einem Terrarium Hof halten, lohnt sich ein Abstecher beim Spaziergang durch den Grafenberger Wald. Die zarte Hautmaserung in Grüntönen wirkt

TIPP *Für Kitas und Schulen gibt es kostenfreie Veranstaltungen.* wie ein Kunstwerk, und wenn Elly den Kopf elegant zur Seite neigt, ist man fasziniert von den kleinsten Bewegun- gen im Eidechsenleben.

Nur mit Anmeldung und in Gruppen kommt man in die neue Waldschule, ein paar Schritte weiter gelegen. Der harmonische Holzbau schmiegt sich in eine Senke. Eröffnet wurde das moderne Ge- bäude als Lernort des Grünamtes im Sommer 2019. Drinnen warten Ausstellungsobjekte und Mitmachmöglichkeiten, um Stadtkindern den Wald nahezubringen. Neben viel Anschauungsmaterial, das Waldpäda- gogen erklären, ergänzt Multimediatechnik die Schulungsräume. Das Waldschulkonzept bekommt anschauliche Erweiterung durch waldpä- dagogische Führungen durch den Grafenberger Wald, auch diese sind für Jung und Alt interessant.

▶ **Waldschule im Grafenberger Wald, Rennbahnstraße 60, 40629 Düsseldorf, Tel. (02 11) 8 92 68 01**
**www.wildpark-duesseldorf.de**
▶ **ÖPNV: Straßenbahn 709, U-Bahn U73, U84, Haltestelle Auf der Hardt**

# Frische-Luft-Fitness

**71** *Bewegungsangebote „Sport im Park"*

Bunte Sportmatten bevölkern die Wiesenfläche. Montag, 19 Uhr, an der Mahnmalachse. Den Aquazoo im Rücken, den weiten Himmel über sich. Es sind immer noch fast 30 Grad, aber Ausreden soll es jetzt keine geben. Gleich startet das Sportangebot mit dem vielversprechenden Titel „Intensives Fitnesstraining". Es ist eines der derzeit 26 Angebote von „Sport im Park", einem Bewegungsprogramm der Stadt Düsseldorf mit jeweils einstündigen Angeboten von Yoga bis Zumba, von Tai-Chi bis Lauftraining. Alles findet während der Sommermonate bis Ende September im Freien statt, verteilt auf die Parks und Grünflächen der Stadt.

Stipe Urlić lässt den Coach in sich zu Wort kommen. Er erklärt ein anspruchsvolles Zirkeltraining, ergänzt mit Sprinteinheiten. Die Stimmung der Truppe schwankt zwischen motiviert und eingeschüchtert. Die nächste Stunde wird für alle eine sportliche Herausforderung werden – jeder soll an seine Grenzen gehen, so wünscht es sich Trainer Stipe, und so wurde es mit dem kleinen Wörtchen „intensiv" im Titel ja auch angekündigt. Aber gemeinsam geht vieles besser, und so puscht nicht nur der Trainer zum Durchhalten, auch der Blick zur Nachbarsportmatte motiviert beim Weitermachen.

**TIPP** Immer Matte und Getränk mitbringen!

Bunt gemischt ist die sportbegeisterte Truppe, die an dem Freiluftevent teilnimmt. Fitnessgestählte in enger Funktionskleidung, Frauen, die man auch im Pilateskurs treffen könnte – einheitlichen Trimmdich-Durchschnitt gibt es hier nicht. Von Bäuchlein bis Sixpack, egal, alle sind jetzt voll dabei.

Rund vierzig Sportbegeisterte trainieren heute hier. Wenn eine Ameise zwickt oder Mücken umherschwirren, ist das kein Grund zur Ablenkung. Sport im Park bedeutet Sport in der Natur. Da ist neben Frischluft, malerischen Sonnenuntergängen, weichem Trainingsboden auch mal ein Mückenstich zu verkraften. Das Training an der frischen Luft und die Natur um sich herum ist die ideale Kombination, um die Stimmung zu heben. Ganz abgesehen davon, dass Sport an sich ja schon Glückshormone freisetzt.

**○** Sport im Park, 21 Standorte in Düsseldorf
www.duesseldorf.de/sportamt/sport-im-park.html

# Mit Nachbarn im Garten

 *Der Nachbarschaftsgarten Wersten*

Um diesen Garten besuchen zu können, braucht man einen Schlüssel. Den bekommt man im Stadtteilladen der Caritas in der Liebfrauenstraße 30. Am besten ist es, zu einem der Gruppenangebote oder offenen Treffs zu kommen, dann steht das Tor zum Nachbarschaftsgarten Wersten offen. Ansonsten ist der ehemalige Spielplatz, der stillgelegt worden war und dessen Gelände zuwuchs, seit seiner Umgestaltung 2016 im Rahmen eines Städtebauförderprogramms ein geschützter Raum. Dieser Aspekt war den Verantwortlichen wichtig. Der Caritasverband Düsseldorf ist Pächter des Grundstücks. Das dort stattfindende Programm, die Treffen der einzelnen Gruppen, all das Organisatorische wird vom Stadtteilladen der Caritas in der Nebenstraße koordiniert.

Ob ein ökumenisches Frühstück der Kirchengemeinden, Spielgruppen oder ein Sprachkurs – im Nachbarschaftsgarten Wersten ist Raum, um Nachbarschaft mit Leben zu füllen. Manche kommen seit Jahren regelmäßig hierher, andere schauen ab und zu vorbei. Einige mausern sich zu Gärtnertalenten und helfen bei der Pflege der Blumen, Kräuter und Obstbäume. Auch Gruppen der benachbarten Kirchengemeinden nutzen die Wiese und die Sitzmöglichkeiten im Grünen, mal nach dem Gottesdienst, mal als Seniorentreffpunkt. Für kleine Kinder ist das Terrain ein Naturerkundungsort mit Spielecke, und jeden Freitagvormittag kommt eine Gruppe mit behinderten Bewohnern des nahe gelegenen Matthias-Claudius-Hauses vorbei für Spaziergänge und kleine Gartenarbeiten.

Der Treffpunkt Nachbarschaftsgarten Wersten befindet sich in der Mitte der Häusersiedlung Opladener Straße, Burscheider Straße und Liebfrauenstraße im Herzen des Stadtteils. Zugänglich ist die lang gezogene Grünfläche von der Burscheider Straße 29 aus, sie liegt direkt neben dem Bürgerbüro des Stadtteils.

TIPP **Im Sommer kann man das dortige „Sport im Park"-Angebot nutzen.**

○ Nachbarschaftsgarten Wersten, Burscheider Straße 29, Kontakt über den Caritas-Stadtteilladen, Liebfrauenstraße 30, 40591 Düsseldorf, Tel. (02 11) 4 95 32 77
○ ÖPNV: U-Bahn U71, U74, U77, U83, Haltestelle Opladener Straße

# Charme früherer Tage

## 73 *Ausflugslokal Stindermühle*

Verwunschen und abgelegen ist dieser Ort. Ein Fachwerkensemble schmiegt sich ins Tal. Rundherum Wald. Vogelzwitschern. Ein Schmetterling landet auf einer Blüte. Die Stindermühle liegt unweit des Neanderlandsteigs im Erkrather Hinterland, genauer: im naturbelassenen Landschaftsschutzgebiet Stinderbachtal. Früher war sie ein Mühlenbetrieb, heute ist sie ein Ausflugslokal mit einfacher, ansprechender Speisekarte. Rote Holzklappstühle wie aus den 20er-Jahren stehen an kleinen Tischen direkt an einem Mäuerchen am Teich. Daneben eine Wiesenfläche, unter Bäumen ist weiterer Platz für Ausflügler. Hinter dem Weiher grast eine Kuh, über dem Wasser schwirrt eine Libelle, eine Entenfamilie zieht vorüber. Jetzt heißt es, sich verwöhnen lassen mit einem Eis oder einer Bratwurst. Es fühlt sich wie Ferien an.

Bis Ende der 20er-Jahre drehte sich hier ein Mühlrad. Doch bereits in den Jahren davor bestand parallel zu Mühlbetrieb und Landwirtschaft eine Sommerwirtschaft mit hauseigenen Erzeugnissen. Seit 1928 gab es eine sogenannte gastronomische Vollkonzession, die Stindermühle wurde als Ausflugslokal immer beliebter und bekannter. Seit 1984 stehen die Gebäude unter Denkmalschutz, auch der urige Gastraum. Hühnersuppe, Russische Eier oder Schweinebraten – in der Stindermühle gibt es nicht nur Kuchen und Torte.

Zum Ausflugslokal gehört ein Minigolfplatz. Geöffnet ist das Lokal mit Biergarten nur am Wochenende und an Feiertagen. Wer mit dem Auto kommt, sollte etwas oberhalb auf dem Wanderparkplatz Stindertalweg parken und sich die restlichen 600 Meter zu Fuß nähern, so nimmt man das Gebäudeensemble im wildromantischen Tal noch besser wahr.

Die Stindermühle ist ein Knotenpunkt für Wanderer. Je nachdem, welche Richtung eingeschlagen wird, führen Wanderwege 11 Kilometer nach Homberg, 7 Kilometer nach Erkrath oder 100 Meter zum Neanderlandsteig, der auf 243 Kilometern rund um den Kreis Mettmann führt. Oder man bleibt einfach noch ein bisschen sitzen auf den klapprigen Holzstühlen. Idyllische Draußenzeit.

● Stindermühle, Stindertalweg 50, 40699 Erkrath
● ÖPNV: S-Bahn S28, Bus BB1, Haltestelle Erkrath Nord Bf, 20 Minuten Fußweg

# Die Königin der Blumen

 *Der Rosengarten hinter dem Stadtmuseum*

Durchatmen und die Seele baumeln lassen – bei zartem Rosenduft gelingt dies besonders gut. Im gleichnamigen Garten hinter dem Stadtmuseum zeigt sich die Königin der Blumen in ihrer ganzen Vielfalt und Pracht. Die trubelige Altstadt und das gut besuchte Rheinufer sind nicht fern, dennoch gelingt das Abschalten und Auftanken hier im Rosengarten ohne Probleme. Etwas versteckt gelegen zwischen Berger Allee und Poststraße ergießt sich in den Sommermonaten die Blütenpracht in unterschiedlichsten Kolorationen: Weiß, Rosa und Rot in all seinen Schattierungen.

Alter Baumbestand wirft sanfte Schatten. Die Parkbänke rund um das Rosenfeld ziehen magnetisch an. Der Blick taucht ein in eine üppige Blütenpracht. Die Gedanken werden ruhiger, lösen sich von Einkaufslisten und den nächsten Terminen, ziehen zu vergangenen Zeiten. Zum ersten Rosenstrauch in Tiefrot, dem Geschenk eines Klassenkameraden, der seinen Gefühlen lieber ohne Worte Ausdruck verleihen wollte. Zu den alten Rosensträuchern im Garten der Großmutter, gehegt, gepflegt, geschnitten. Zu den winzigen Zierrosen auf dem ersten eigenen Balkon. Zu der auf der Kirmes geschossenen Plastikrose des Lieblingsmenschen. Rosen gelten als die Königin der Blumen. Der Ursprung der wilden Rose liegt in China. 30.000 Arten gibt es mittlerweile, und einige von ihnen wachsen in dem verwunschenen Garten mit der bemoosten Backsteinmauer, besonders die Sprayrosen mit ihren Blütenbüscheln, den vielen kleinen, zarten Blüten nebeneinander. Rosen sind Sinnbild gepflegter Gartenkultur, wie sie sich auch in dem Park hinter dem Stadtmuseum, dem ältesten Museum Düsseldorfs, entfaltet. In dem Gebäude des historischen Palais Spee residierte früher rheinischer Adel. Heute kann man sich hier über die Geschichte und Kultur Düsseldorfs informieren. Eine ständige Ausstellung ergänzt sich mit wechselnden Ausstellungen zu einer abwechslungsreichen Vermittlung von Stadtgeschichte bis in die Jetztzeit.

**●** **Rosengarten, Berger Allee 2, 40213 Düsseldorf**
**●** **ÖPNV: U-Bahn U71, U72, U73, U83, Bus 780, 782, 785, 805, 817, Haltestelle Benrather Straße,**
**Straßenbahn 706, 708, 709, Bus 726, Haltestelle Poststraße**

# Mühlenfeeling in Derendorf

**75** *Die Buscher Mühle der Derendorfer Jonges*

Das Mühlrad auf der Hauswand ist aufgemalt und erinnert schon beim ersten Blick an alte Zeiten, als die Buscher Mühle noch aktiv war. Über Jahrhunderte hinweg wurde hier an der nördlichen Düssel Korn gemahlen, bis das Gebäude bei einem Bombenangriff 1944 stark zerstört wurde. Ab Mitte der 50er-Jahre wurde die letzte noch erhaltene Wassermühle im Einzugsgebiet Düsseldorfs dann wiederaufgebaut. Dafür eingesetzt hatte sich der Heimatverein „Derendorfer Jonges 1956 e. V.", der sich in dieser Zeit gegründet und als eines der ersten Ziele den Wiederaufbau vorgenommen hatte. Bis heute ist in dem Mühlengebäude die Begegnungsstätte des Vereins untergebracht, der sich weiterhin starkmacht für die Denkmalpflege des Hauses. Auch wenn die Buscher Mühle nicht direkt im Stadtteil des Vereins liegt, sondern am Rande zu Düsseltal. Mittlerweile jedenfalls. Denn in früheren Zeiten verliefen die Stadtteilgrenzen anders, und die Mühle stand auf Derendorfer Gebiet. Im 14. Jahrhundert war das Anwesen übrigens in Besitz einer Familie Pempelfort – und so hat es auch eine Verbindung zu diesem Stadtteil.

Einmal im Jahr, Ende August, steigt rund um die Buscher Mühle das Mühlenfest, und am Deutschen Mühlentag, der bundesweit an Pfingstmontag stattfindet, ist das Mühlengebäude bei einem „Tag der offenen Tür" für alle zugänglich. Ansonsten kann man über die „Derendorfer Jonges" Besichtigungstermine ausmachen. Das lohnt sich, weil im Inneren des Gebäudes das Wasserrad der früheren Getreidemühle zu besichtigen ist – Durchmesser 7,60 Meter – und bei einer Führung interessante historische Details vermittelt werden.

Schön ist auf jeden Fall auch der umliegende Park mit dem gleichen Namen: Park Buscher Mühle. Klein, aber fein lädt er zu einer Parkbankpause am Weiher, früher das Wasserreservoir der Mühle, ein. Wenn sich die alte Mühle im Wasser spiegelt und die Sonne durch die Blätter scheint, ist der Verkehr an der Jülicher Brücke schnell vergessen. Die Auszeit im kleinen Park am Mühlenweiher kann beginnen.

. . . . . . . . . . . . . . . . . . . . . . . . . . . . . . . . . . . . . . . . . . . . . . . . . . . . . . .

● Alte Buscher Mühle, Mulvanystraße 15, 40239 Düsseldorf
www.derendorferjonges.de
● ÖPNV: Straßenbahn 701, S-Bahn S1, S6, S11, Bus 733, 752, 754, 756, 758, 807, 834, SB55,
Haltestelle Derendorf S

# Gartenwirtschaft am Rhein

**76** *„Aschlöksken" mit eigenem Charme*

Der Name ist ungewöhnlich, das Ambiente umso reizvoller. „Aschlöksken" wird die Gartenwirtschaft Schwenke, ein kleines Lokal am Duisburger Rheinufer, von den Einheimischen genannt. Das einfache Ausflugslokal mit viel Garten, wenig Infrastruktur und ganz eigenem Charme liegt irgendwo zwischen Düsseldorf und Duisburg. Ganz einfach zu finden ist die Lokalität nicht. Am einfachsten haben es die Radfahrer auf dem Rheinradweg zwischen den beiden Städten. Denn dieser führt in einer Biegung in der Mitte zwischen den Ortsteilen Wittlaer, das zu Düsseldorf gehört, und Rheinheim – hier sind wir schon in Duisburg – direkt am Eingang vorbei. Für Radelnde ein idealer Zwischenstopp.

Gartenstühle aller Couleur und Beschaffenheit stehen gestapelt am Eingang und verteilen sich auf dem Gelände in dezenter Unordnung. Wer vorbeikommt, nimmt sich einen Stuhl und stellt ihn auf den Lieblingsplatz, entweder unter Bäumen im Garten oder auf dem Deich. Rheinblick inklusive. Tische braucht es nicht zwingend, um sich mit Frikabrötchen, Pommes oder Bratwurst zu stärken.

Beim „Bootwatching" – Schiffebeobachten auf dem Rhein – entspannt es sich leicht, mit einem Bierchen allemal. Das bekommt man bei Karl-Heinz Schwenke, der die Gartenwirtschaft von seinem Vater übernommen hat und gemeinsam mit Frau und Sohn betreibt. Leere Flaschen deponiert man in bereitgestellten Kästen. Etliche Stammgäste kommen schon seit Jahren in diesen eigenwilligen Biergarten. Nur wenn es voll wird und am Wochenende auch mal 300 Ausflügler vorbeikommen, wird es unübersichtlich. Dafür ist es wochentags deutlich ruhiger.

Seinen Namen hat das Lokal übrigens nicht von einem gewissen Körperteil, wie sich vermuten ließe. Der umgangssprachliche Name „Aschlöksken" ist historisch geprägt, weil in der Gegend am Rhein Kohle abgelagert und mit einer Lore zu den Häusern gebracht wurde. Bei manchen hat sich das „R" in den Namen geschlichen, aber eigentlich ging es um Asche.

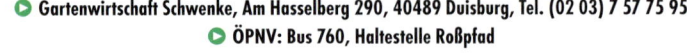

● Gartenwirtschaft Schwenke, Am Hasselberg 290, 40489 Duisburg, Tel. (02 03) 7 57 75 95
● ÖPNV: Bus 760, Haltestelle Roßpfad

# Strandfeeling in Kaarst

**77** *Großer und kleiner Kaarster See*

Ein Wettschwimmen mit Enten – dazu kann es kommen beim Baden im Kaarster See. Mit einem gewissen Ehrgeiz im Sportlerherz macht man sich auf zu einer der drei entfernt im Wasser treibenden Schwimminseln. Unter einem nichts als unendlich scheinende Tiefe, um sich herum kühlendes Nass, über sich Sonnenstrahlen und blauer Himmel. Immer näher kommt das rechteckige blaue Ziel, nur noch die etwas rutschigen Stufen zur künstlichen Insel erklimmen, und dann geht es auch schon wieder mit weit ausgebreiteten Armen dem Wasser entgegen. Sprung in sanfte Fluten. Sommervergnügen. Nur Fliegen ist schöner.

Seen gibt es in und um Düsseldorf einige, aber nur in wenigen ist das Baden erlaubt. So ist es auch in Kaarst. Im Großen Kaarster See ist das Baden verboten, er ist den Seglern vorbehalten sowie einem Tauchclub, aber auch Angler sind willkommen. Für Badefreuden ist er zu gefährlich, da er als ehemaliger Baggersee extreme Tiefenunterschiede und damit verbunden kalte Strömungen aufweist. Am Kleinen Kaarster See sind Badefreuden erwünscht und möglich. Hier gibt es ein Strandbad mit Aufsicht und DLRG, einen großen und kleinen Strandbereich mit flach abfallendem Ufer. Man kann sich einen Liegestuhl ausleihen, aber auch Tischtennisschläger. Die Kleinen nutzen den Spielplatz mit Kletterleuchtturm, die Großen spielen Beachvolleyball und Tischtennis. Und Zeit für ein Eis oder eine Currywurst ist auf jeden Fall auch beim Urlaubstag am Kaarster Badesee.

Seit mehr als zehn Jahren wird die Wasserqualität als ausgezeichnet bewertet. Vierzehn Fischarten, aber auch Krebse, Schnecken und Muscheln leben in den Seen. Der Uferbereich ist naturnah gestaltet, Wasservögel fühlen sich hier wohl. 20.000 Quadratmeter Grün in der Umgebung der beiden Seen laden zu Spaziergängen ein, wenn die Zeit zum Baden vorbei ist.

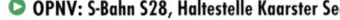

▶ Kaarster Seen, 41564 Kaarst, Strandbad Am Kaarster See, Tel. (0 21 82) 17 05 70
www.kw-gv.de
▶ ÖPNV: S-Bahn S28, Haltestelle Kaarster See

# Fleißige Bienen

**78** *Imkerstandort Himmelgeister Rheinbogen*

Sechs Holzkästen. Versteckt gelegen unter Bäumen, hinter Hecken, am Rande eines Weges. Perfekt funktionierende Naturfabriken. 20.000 bis 60.000 Bienen leben zusammen in einem Bienenvolk. Das sind zusammengerechnet zwischen einer und knapp vier Millionen Bienen alleine bei den sechs Bienenstöcken von Imker Fabian Münch, der noch einige mehr im Umkreis des Himmelgeister Rheinbogens aufstellt.

Die Holzkästen mit dem produktiven Innenleben stehen neben einem Getreidefeld, im Park des Schlosses Mickeln oder unter großen Bäumen. Bei einem Spaziergang entlang des Kölner Weges, der vom Parkplatz am Ende der Nikolausstraße mitten in das Naturschutzgebiet führt, kann man sie entdecken. Nicht zu nahe kommen, nicht zu neugierig sein! Die Bienen wollen ungestört ihre Arbeit erledigen. Eine Arbeit, die wertvoll ist für Pflanzen und Erträge, für die Nahrungskette und damit auch den Menschen.

Spätestens seit dem Romanbestseller „Die Geschichte der Bienen", der eindrucksvoll vor Augen führt, wohin das Insektensterben führen kann und wie bedeutend der beständige Einsatz der Bienen für die gesamte Natur und die Menschheit ist, fallen Bienenstöcke positiv auf. Und so ist es auch bei den Himmelgeister Bienen von Imker Münch. Er verarbeitet den Honig nachhaltig und naturbelassen und hat sich besondere Geschmacksrichtungen ausgedacht mit Extras wie Ingwer und Kakao.

**TIPP** Beim Imkerverein erhält man Samentütchen, die man im Frühjahr aussäen kann für Bienenfutter.

Mit etwas Abstand zu den Bienenstöcken lässt sich das Treiben der schwarz-gelben Tiere gut beobachten. Staunen über diese Unermüdlichkeit. Neue Wertschätzung der Süße auf dem Frühstücksbrot und gleichzeitig Dankbarkeit angesichts des Beitrags der fleißigen Bienen für die stadtnahe Natur. Gedanken in Gegenwart der Bienenstöcke in Himmelgeist, einem der zahlreichen Imkerstandorte in Düsseldorf.

Himmelgeister Rheinbogen, 40589 Düsseldorf
www.rawhoney.de
ÖPNV: Bus 835, Haltestelle Alt Himmelgeist

# Chillen auf dem Sonnendeck

## 79 Coole Location in Lörick

Die Füße im Sand, eine Palme in Sichtnähe, den Cocktail in der Hand. Kos oder Karibik? Nein, Strandmomente in Düsseldorf-Lörick. Auszeit im Sonnendeck. Dieser Name zaubert schon ein Lächeln auf die Lippen. Dahinter steckt eine coole Freiluftlocation mit Urlaubscharakter. Neben der sandigen Beach Area, wo chillige Musik läuft, erstreckt sich die Deichwiese. Auch hier ist viel Platz für Liegestühle und für süßes Nichtstun.

Es gibt von Kuchen bis Currywurst kleine Speisen und viele Getränke in Selbstbedienung. Einen Latte macchiato im Strandkorb oder lieber einen Caipirinha im Liegestuhl? Wem die Wahl schwerfällt, kommt einfach noch mal her, wenn wieder die Sonne scheint. Das Sonnendeck wird nämlich nur geöffnet bei schönem Wetter, vom Frühjahr bis Ende Oktober. Auf der Facebook-Seite kann man sich aktuell informieren über die Öffnungszeiten am jeweiligen Tag. Für Familien wichtig zu wissen: Im Sandbereich sind Kinder erst ab vierzehn Jahren erlaubt, aber es gibt einen separaten Spielplatz.

Das Sonnendeck bietet sich an als Abschluss eines Freibadnachmittages im benachbarten Strandbad, aber auch als alleiniges Ausflugsziel – am besten mit dem Rad, denn der Weg am Deich entlang von Niederkassel aus kommend ist sehr schön. Ein Highlight der Location ist die sogenannte Open Air White Party. Jedes Jahr im Sommer verleihen dann Hunderte weiß angezogener Menschen dem Sonnendeck noch mehr Sommerfeeling.

Und direkt neben dem Beach Club liegt das Eventcafé „Deich 281", die Hausnummer im Namen. Spätestens wenn kein Strandwetter mehr herrscht, ist dies durchaus eine gute Alternative zum Sonnendeck mit lichtdurchfluteten Räumen in großzügiger Wohnzimmeratmosphäre, einem gemütlichen Kamin und einer reich bestückten Bar. So lassen sich dann auch die Wintermonate überstehen bis wieder Zeit ist für Beach-Gefühle.

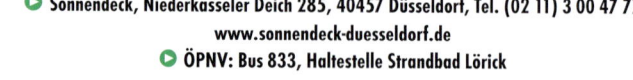

▶ Sonnendeck, Niederkasseler Deich 285, 40457 Düsseldorf, Tel. (02 11) 3 00 47 77
www.sonnendeck-duesseldorf.de
▶ ÖPNV: Bus 833, Haltestelle Strandbad Lörick

# Grasen mit Cityblick

## 80 *Schafherde am Rheinufer*

Schafe stellt man sich am Deich auf Texel vor, auf weitläufigem Wiesengrund am Niederrhein oder in der Eifel und in der Nähe eines Bauernhofs in Urlaubsgegenden. Aber sie finden sich auch nahe der Düsseldorfer City. Die Skyline mit Rheinturm, Kniebrücke, Landtag und Altstadtufer im Blick grasen sie des Öfteren auf den Oberkasseler Rheinwiesen. Aber so richtig interessieren sie sich nicht für das Stadtleben in unmittelbarer Nachbarschaft.

Ihre Aufmerksamkeit geht bevorzugt von Grasbüschel zu Grasbüschel. Sie sorgen dafür, dass die Rheinwiesen ohne aufwendige Mähmaßnahmen und ohne technische Hilfsmittel kurz gehalten werden.

Dabei symbolisieren die Schafe Gelassenheit und Geduld. Wie sie da so grasen. In die Luft blicken. Und weitergrasen. Ab und an bewegen sie sich ein wenig fort, um die Wiese auch gleichmäßig zu kürzen. Vorüberziehende Lastenschiffe, fotografierende Spaziergänger oder bellende Hunde schaffen es nur selten, die entspannten Zeitgenossen aus der Ruhe zu bringen. Warum sie dennoch ab und an lautstark blöken, weiß keiner so genau. Die Klangkulisse mit Mäh-Varianten erfüllt das Rheinufer. Der mobile Zaun trennt den Weidebereich provisorisch ab und lässt uns nah heran an die rund hundert Herdentiere.

Ein Lämmchen tapst über die Wiese. Erste Gehversuche, ein beliebtes Fotomotiv. Ein schwarzes Schaf sticht aus der Masse in Weiß hervor. Die Redewendung bekommt bildliche Untermalung. Zwei Jungschafe schubsen sich spielerisch. Kraft steckt auch im sanften Schaf. Ein Muttertier sucht und findet sein Junges. Herdenidyll im Schäfchenkreis. Das Fell sieht wollig warm und weich aus, ihr Blick wirkt treu.

Im Hintergrund ziehen Schiffe auf dem Rhein vorbei. Die Schafe zieht es nicht in die Ferne. So wirkt es jedenfalls. Sie verweilen im Hier und Jetzt und verankern Zusehende ebenda. Wohin sollte man jetzt noch eilen?

· · · · · · · · · · · · · · · · · · · · · · · · · · · · · · · · · · · · · · · · · · · · · · · · · · ·

▶ Oberkasseler Rheinwiesen, Kaiser-Wilhelm-Ring, 40545 Düsseldorf
▶ ÖPNV: U-Bahn U74, U75, U76, U77, Haltestelle Luegplatz

**Bibliografische Informationen der Deutschen Nationalbibliothek**
Die Deutsche Nationalbibliothek verzeichnet diese Publikation in der Deutschen Nationalbibliografie;
detaillierte bibliografische Daten sind im Internet über http://dnb.d-nb.de abrufbar.

© 2020 Droste Verlag GmbH, Düsseldorf
**Konzeption/Satz:** Droste Verlag, Düsseldorf
**Einbandgestaltung und Illustrationen:** Britta Rungwerth, Düsseldorf, unter Verwendung von Bildern von
© Fotolia.com: jd – photodesign.de; © iStock: Plociennik Robert
**Fotos: Annette Kanis, außer:**
S. 17: © kristina rütten – stock.adobe.com; S. 23, 41, 55, 65, 71, 137, 161: Peter Schreiner;
S. 25: von Островский Александр, Киев – Eigenes Werk, CC BY-SA 3.0
(https://commons.wikimedia.org/w/index.php?curid=19234916); S. 35, 49: Louisa Kanis; S. 47: Michael Rennertz;
S. 59: © janvier – stock.adobe.com; S. 61: Garten-, Friedhofs- und Forstamt Düsseldorf/Ulrike Volmer;
S. 69: Alexander Rochau; S. 77: Bädergesellschaft Düsseldorf; S. 83: © boris_sh – stock.adobe.com;
S. 89: © gunterkremer – stock.adobe.com; S. 93: © Ernst Pieber – stock.adobe.com; S. 97: von giggel, CC BY 3.0
(https://commons.wikimedia.org/w/index.php?curid=52962201); S. 105: Stadtstrand Düsseldorf GmbH;
S. 107: ingenhoven architects / CADMAN; S. 109, 139, 159: Lutz Kanis; S. 113: von Heribert Pohl, CC BY-SA 2.0
(https://commons.wikimedia.org/w/index.php?curid=34100355); S. 117: Polina Ivanova; S. 125: Michael Stevens;
S. 127: Philipp Schüller/Love Your Plants; S. 135: © pure-life-pictures – stock.adobe.com; S. 157: petCA/Derendorfer
Jonges
**Druck und Bindung:** Gutenberg Beuys Feindruckerei GmbH, Langenhagen
ISBN 978-3-7700-2163-5

www.drosteverlag.de